PIERRE PALLARDY

Pierre Pallardy est osthéopathe et diététicien. Depuis plus de trente-cinq ans, il est l'auteur de best-sellers traduits dans le monde entier. Parmi eux : *Le droit au plaisir*, *Les chemins du bien-être*, *Plus jamais mal au dos*, *Et si ça venait du ventre ?* ou *Mon code de vie : santé, jeunesse, harmonie*.

Mon code de vie

DU MÊME AUTEUR
CHEZ POCKET

ET SI ÇA VENAIT DU VENTRE ?
VAINCRE FATIGUE, STRESS,
DÉPRIME ET PROTÉGER SON CŒUR

Pierre Pallardy

Mon code de vie

Santé, jeunesse, harmonie

ROBERT LAFFONT

ISBN 2-266-15714-0

Sommaire

Préface 11

Introduction 15

Le ventre est la source
de la jeunesse 27

Un cerveau jeune pour toute
la vie 83

L'amour, toujours l'amour 161

Les 7 âges de la vie 177

Table des matières 265

À mes enfants, mes petits-enfants.
Qu'ils restent ouverts, généreux, vigilants,
jeunes dans leur tête et dans leur cœur.

Préface

Comme des milliers d'autres, je n'ai pas eu de jeunesse.

J'ai connu, avant même de savoir marcher, la faim, la solitude, la souffrance, l'injustice, le manque d'amour.

J'ai vécu l'angoisse qu'on garde au fond de soi, qui vous paralyse, vous enferme et brise vos rêves.

J'ai éprouvé la peur d'aimer et de ne pas être aimé.

Mais je me suis battu et je m'en suis sorti seul avec ma devise : volonté, discipline, courage.

Oui, la vie est un combat, mais chacun d'entre nous, s'il l'assume, peut en sortir vainqueur.

Le monde est fou, le monde est injuste, le monde est violent. Les hommes souffrent, les enfants meurent. J'ai vécu le tsunami en Asie du Sud-Est, les victimes entassées sur les plages, les maisons détruites, la nature violée. J'ai ressenti la solidarité, tous âges et toutes nationalités confondus. Face à une catastrophe indescriptible, la bonté, la générosité, le don de soi, une humanité profonde, s'exprimaient.

Comment, quand le quotidien reprend le dessus, ne songeons-nous pourtant qu'à nous plaindre ? Comment acceptons-nous de nous laisser aller, d'attendre tout des autres, de la chance ? De regarder sans réagir nos enfants devenir obèses, malades, drogués, violents ? Les hommes seraient-ils devenus mauvais ? Non, mais le monde les a rendus lâches, paresseux, assistés, indifférents à eux-mêmes et aux autres. Reprenons-nous.

Nous avons des jambes pour marcher, des bras pour travailler, des mains pour caresser, un cœur pour aimer.

Nous connaissons les clefs qui ouvrent un monde meilleur. Car la vie n'est pas un long fleuve qui passe. Elle a ses lois et ses règles, comme toute aventure humaine. Sans respect du code de la route, la circulation se transformerait en jeu de massacre. Sans code de déontologie, que deviendraient les professions d'avocat ou de journaliste ? Même les bandits, autrefois, s'étaient donné un code d'honneur. Nous devons trouver notre code de vie : une manière d'être, de penser et de se comporter qui nous fera plus beaux, plus jeunes, plus heureux, plus amoureux. Il existe des lois communes à tous les hommes, mais chacun doit trouver sa propre manière de vivre. Mon rôle est de vous aider. À vous ensuite de trouver votre propre musique.

Vous pouvez, si vous le voulez, ne retenir à chaque instant que l'essentiel pour vivre intensément. Cette liberté, cet amour de l'autre, ce bonheur de vivre, cette faculté de faire toujours des projets, c'est la jeunesse du corps et de l'esprit, et c'est en vous et en vous seul que vous la trouverez. À 20 ans comme à 80, elle n'a pas de limite d'âge.

Je ne vous promets pas de miracle, la vie est faite de plus de douleurs que de joies. Mais j'espère que ce livre vous aidera à retrouver la meilleure part de vous-même : la jeunesse.

Introduction

On dirait que, aujourd'hui, la jeunesse n'a plus d'âge. Pourtant, jamais on n'a accordé autant d'importance à ses attributs : peau lisse, teint de rose, ligne impeccable, forme olympique.

Comme si avoir l'air jeune était plus important que d'être jeune.

Comme si les signes extérieurs de jeunesse pouvaient remplacer la vraie jeunesse qui est bien autre chose que le seul aspect physique.

Peu à peu, l'âge est devenu une maladie et « faire son âge » la faute suprême. Quel que soit son âge. On porte ses rides comme des stigmates. On vit la vieillesse comme une déroute.

Selon certains, nous serions victimes de la presse, de la publicité, de cet air du temps qui façonne les mentalités et abrutit les populations. Suffirait-il donc d'assumer (autre mot clef), de refuser la pression ambiante, ce « jeunisme » cause de trop de maux, et de se laisser vieillir sans réagir pour retrouver bonheur et sérénité ? Utopie.

Je vois trop d'hommes et de femmes stressés, déprimés, paniqués par la peur de vieillir pour imaginer qu'un discours de bon sens leur ouvrira la voie d'une vieillesse paisible. D'autant que la peur de vieillir n'est pas l'apanage des seniors et survient souvent bien avant la vraie vieillesse.

J'ai observé, comme beaucoup, les mœurs évoluer, la société se durcir, de nouvelles angoisses émerger. Mais, au fond, c'est toujours la même interrogation qui s'exprime : comment vivre bien aujourd'hui et demain ? Et je pense qu'il n'est ni absurde ni indécent de vouloir être, aussi longtemps que possible, jeune, c'est-à-dire en forme physiquement et mentalement, et capable de profiter des mille et un petits et grands plaisirs de la vie. Reste que la peur est mauvaise conseillère et que la fin ne justifie pas n'importe quel moyen.

Car ce désir effréné de jeunesse a donné naissance à un secteur d'activité en pleine expansion. Pilules miracles, vitamines, liftings, régimes, instituts, crèmes, sérums, cures, bains de jouvence en tout genre... Notre peur de vieillir engraisse une industrie florissante aux multiples facettes qui s'attaque à un public de plus en plus jeune. Et qui nous fait vieillir plus, et plus vite. La faute à cet autre syndrome de notre époque qui consiste à tout attendre des autres et rien de soi-même, à vouloir être pris en charge pour tout et dans tous les domaines sans faire aucun effort. La mode est aux surgelés, aux meubles en kit, à la beauté en comprimés à avaler trois fois par jour. À ce jeu, naturellement, il suffit d'attendre pour s'apercevoir qu'on s'est trompé. Qu'on a repris vingt kilos après le régime miracle qui nous en avait fait perdre dix en deux semaines... et sans avoir faim ! Que les gélules porteuses de vie éternelle sont des placebos. Que l'antiride venu des États-Unis est un poison violent. Qu'après avoir eu le courage de supporter les affres d'une opération esthétique, de se faire lisser les paupières, défriper le visage et le cou, remonter les seins, remodeler les hanches et les fesses, notre âge se lit ailleurs, sur des bras un peu trop mous, un ventre un peu trop enrobé de cellulite, des cuisses marquées de vergetures, un regard un peu las, une envie de rien. Imaginer que la jeunesse n'est pas un don mais un dû, qu'elle ne se gagne pas mais s'achète est une erreur qui conduit le plus souvent à la catastrophe.

Le monde ne tourne pas à l'envers et la vie ne revient jamais en arrière. D'autant que cette peur de la vieillesse n'est pas seulement un fantasme né de la contemplation de mannequins anorexiques dans les magazines : les progrès de la médecine reculent les frontières de la vie. Nous pourrons de moins en moins échapper à la vieillesse, voire à l'extrême vieillesse. Chaque année, l'espérance de vie augmente de quelques semaines. On considère aujourd'hui que la vieillesse commence à 78 ans, que l'on pourra vivre jusqu'à 100 ans, et ce bienfait est aussi générateur d'angoisse. Il nous faut affronter ce nouveau défi : vieillir sans renoncer pour autant au mode de vie que nous aimons, et surtout sans perdre l'image gratifiante que nous avons de nous-même.

L'âge, du coup, devient une notion abstraite. Car, en réalité, quel âge a-t-on ? L'âge de son état civil ou celui qu'on nous donne ? L'âge de ses artères ou celui de son cœur et de son esprit ? L'âge du dehors et de l'apparence ou l'âge du dedans, des sentiments, des désirs et de l'imagination ? Celui qu'on voudrait avoir ou celui qu'on se sent avoir ? Il existe, dans la vie, des caps appelés cinquantaine, soixantaine... mais, physiquement et psychologiquement, à quoi correspondent-ils ?

Je pense à cet homme recruté à plus de 50 ans, par une grande entreprise. Obligé de remplir un dossier, il avait menacé du pire la secrétaire à laquelle il l'avait remis si elle divulguait son numéro de sécurité sociale qui permettait de connaître... son âge ! Histoire vraie typique de notre époque. Il faut souffrir pour être belle, disaient nos grand-mères. Faut-il aujourd'hui souffrir pour être jeune ? Je le crois. Il faut avoir souffert, passé des obstacles, affronté et surmonté les difficultés inhérentes à toute vie humaine et y avoir puisé la sagesse de s'assumer pour garder sa jeunesse à tout âge.

Car la jeunesse se gagne. Elle se conquiert par la volonté, la discipline, le courage. Nous serons un jour ce que nous aurons voulu être. Personne ne pourra nous aider si nous ne sommes pas, au seuil de la grande maturité, en harmonie avec nous-même.

Il est assez facile de soulager momentanément un patient. Tout comme on peut, en prescrivant pratiquement n'importe quel régime, faire maigrir n'importe qui en relativement peu de temps. Mais je refuse de me contenter de résultats éphémères. Toute ma vie, j'ai cherché à apporter à mes patients un équilibre durable, l'harmonie qui les mettrait à l'abri des agressions de toutes sortes, maladies physiques ou accumulation de chocs psychologiques. Mes longues années d'expérience m'ont appris que pour parvenir à ce but, il est indispensable d'adopter certaines règles de vie, de respecter en quelque sorte un code de bonne santé. C'est ce code de vie que je dévoile dans ce livre. Il n'est pas né du hasard. Il est au contraire le fruit de toutes ces années passées à servir mes patients, à chercher, avec eux et grâce à eux, comment gagner le combat contre le stress, la fatigue, la déprime, les maladies fonctionnelles et le vieillissement.

Jeunesse et beauté sont les reflets de notre santé intérieure. J'ai découvert, il y a bien longtemps, que le ventre est la source de notre santé physique et, aussi paradoxal que cela paraisse, de nos émotions. Nous possédons deux cerveaux : l'un dans notre ventre, l'autre dans notre tête. Dotés l'un et l'autre de fonctions vitales, ils échangent, communiquent, s'influencent l'un l'autre. Si l'un d'eux se dérègle, l'autre est affecté. Si on soigne l'un, l'autre se porte mieux. Les neurosciences en apportent aujourd'hui les preuves scientifiques. Mais ni les thérapeutes manuels ni les psys ne semblent en tirer la conclusion qui s'impose : toute thérapie ne s'intéressant qu'à l'un ou à l'autre est vouée à l'échec.

Le corps a ses champions, thérapeutes manuels convaincus qu'un corps sain promet une vie harmonieuse. Qu'une bonne hygiène de vie, la pratique du sport, une alimentation saine, sont la panacée.

L'esprit a ses guides, psychothérapeutes, psychiatres, psychanalystes, appelés à la rescousse à tout bout de champ, docteurs miracles des secousses de la vie. Loin de moi l'idée de dire qu'ils ne sont pas utiles, ils font partie de ce qu'on appelle l'arsenal thérapeutique moderne et il serait dommage de se priver de leur aide lorsqu'elle peut se révéler utile. Mais, comme toute thérapie, les thérapies de l'âme ont leurs limites, et il ne sert à rien d'en attendre plus que ce qu'elles peuvent donner.

Chacun a son domaine et s'y cantonne : un morceau du corps, une errance de l'esprit, comme si l'être humain était une sorte de puzzle que l'on peut réparer morceau par morceau. Aucune bonne guérison ne peut être partielle. C'est aux sources de la vie que nous devons aller chercher la jeunesse.

J'ai constaté que les patients qui viennent me consulter pour des maux de ventre ou de dos, une obésité mal contrôlée, des migraines, une fatigue qui ne passe pas, ou tout autre problème physique, commencent très vite à me raconter leur vie, à m'avouer leurs angoisses, à exprimer des peurs ou des traumatismes enfouis dans leur enfance.

Il est douloureux de se retrouver face à ce qu'on avait inconsciemment voulu oublier pour ne pas avoir à l'assumer. En soignant leur ventre, je libère leur parole, et avec la chaleur des mains les souffrances du corps disparaissent. Mais il ne suffit pas d'enlever la souffrance physique, il faut que le moral revienne avec l'optimisme et le désir d'agir pour prendre son destin en main. Ceux qui m'ont écouté sont transformés, ils ont rajeuni dans leur corps et dans leur tête. Car soigner le ventre libère les endorphines du cerveau et rétablit les circuits d'énergie entre corps et esprit. Or c'est lorsque ces circuits sont interrompus que la vieillesse gagne du terrain. La clef de la jeunesse n'est ni dans la thérapie manuelle ni dans la psychanalyse, elle est dans une méthode globale qui réunit les deux approches et que j'appelle la « psychothérapie manuelle ». On la dit aujourd'hui révolutionnaire. Pourtant, il y a plusieurs siècles, les Japonais, les Chinois, les Grecs, avaient compris que le corps et l'esprit sont indissolublement liés. Mais nous ne sommes plus au temps des bonzes chinois ni des philosophes de la Grèce antique. Les médecines ancestrales ont disparu. La vie actuelle a chassé le naturel qui, contrairement à ce que dit l'adage, ne revient pas au galop. Et s'il est normal de vouloir rester jeune le plus longtemps possible, il nous faut réapprendre pour réussir.

Le thérapeute n'est qu'un passeur, un guide, utile pour rendre à chacun de ses patients son intégrité physique et mentale, et pour l'accompagner de la maladie à la santé, du mal-être au bien-être, de l'asthénie à la force et de la paresse au courage. Quel qu'il soit, il ne fera avec vous qu'une partie du chemin, il devra vous convaincre que vous devrez faire seul(e) les deux tiers de la route, et pour cela vous impliquer. À cette condition seulement vous gagnerez le bien-être du corps et de l'esprit. La jeunesse sans limite d'âge.

Avant d'entrer dans le vif du sujet, de vous donner le code qui, je l'espère, vous permettra d'oublier votre âge, réfléchissons ensemble quelques minutes aux étapes essentielles de notre vie. Car si vous admettez avec moi que l'âge est un chiffre, vous savez aussi que personne ne se résume à un numéro. On peut être vieux à 20 ans et jeune à 60. Évident, direz-vous, et pourtant...

Amélie, 19 ans, a le corps décharné, le ventre ballonné, une peau un peu malsaine. Anorexie, mal de vivre et le sentiment d'avoir mille ans.

Paul, 45 ans, directeur financier d'une grande entreprise, trois enfants, n'a pas touché sa femme depuis quatre ans, boit plus que de raison, scrute les poches qu'il a sous les yeux et s'imagine que, s'il achète une Porsche, il sera heureux.

Catherine, 40 ans, secrétaire de direction dévouée à son patron depuis douze ans, un joli appartement, quelques amants gentils, pas d'enfant mais du cholestérol, a dépensé une fortune en chirurgie esthétique, pratiqué un lifting, puis une liposuccion, fait des séjours dans des établissements où l'on vous affame, pourtant elle n'est pas heureuse. Elle a le ventre dur et spasmé, avoue qu'elle digère mal et dort encore plus mal.

Marie, 62 ans, retraitée, provinciale, une agréable maison, un mari sans histoires, des enfants établis loin d'elle, souffre de rhumatismes, de douleurs du dos et de maux de ventre. Elle se demande ce qu'elle va faire de tout ce temps qui met tant de temps à passer...

Inutile de continuer : personne n'est le même et tout le monde se ressemble, au moins sur un point : à un moment, sans qu'on sache pourquoi, sans qu'on l'ait vu venir, la machine se grippe et on se dit qu'il est tard, peut-être même trop tard. Pour quoi ? Pour être à la hauteur de ses rêves et de ses ambitions. Rassurez-vous, il n'est jamais trop tard. Mais il est évidemment préférable de ne pas attendre d'être vieux pour devenir jeune !

Nous avons sept vies, comme les chats, étapes cruciales, passages clefs qui nous conduisent vers un autre âge, d'autres moments, d'autres étapes. Mieux nous les abordons, plus nous avons de chances de les passer en douceur, sans ravages. Car la jeunesse ne se construit pas en un jour, c'est une longue patience. Et découvrir qu'on l'a laissée s'envoler, que notre corps s'abîme et notre esprit s'égare, conduit évidemment à faire, sur le tard, d'énormes efforts, parfois disproportionnés avec le but que l'on poursuit et surtout les forces qui nous restent.

La vie est une continuité dont chaque étape prépare la suivante, comme chaque génération s'enchaîne à celle qui la précède et à celle qui la suit. Ce que l'on oublie dans un océan d'égoïsme qui a pris le pas sur le simple bon sens et fait que chacun se plaint des autres pour ne penser qu'à soi. Les parents se plaignent de leurs enfants, surtout adolescents, et de leurs parents, devenus un « poids », les jeunes en veulent aux plus âgés qu'eux et les plus âgés récriminent contre « ces jeunes qu'ils ne comprennent plus ». Toute solidarité évanouie, les générations se font la guerre au lieu de s'aimer et de s'entraider, chacune apportant quelque chose à l'autre. Si j'entre dans ces considérations sociologiques, c'est que nous payons tous peu ou prou le prix de cette situation.

La première de nos vies va de la naissance à une dizaine d'années, et nous savons que dans l'enfance se construisent les fondations de l'être humain que nous serons plus tard. Le rôle des parents est alors essentiel, or tout montre qu'ils ont de plus en plus tendance à baisser les bras et à laisser faire. Comment expliquer, sinon, ces milliers d'enfants téléphages, menacés d'obésité, incapables de se concentrer ou encore de suivre une scolarité normale ? Il n'est pourtant pas très difficile, à cet âge, d'élever un enfant : beaucoup d'amour et quelques règles, une bonne hygiène de vie et une nourriture saine, le goût du sport pratiqué ensemble pour se faire plaisir et non vécu comme une contrainte, parce que « c'est obligé », et surtout la force de l'exemple... Sauf si un problème grave affecte la famille, il n'est pas sorcier d'être un bon parent. Je vois pourtant, dans mon cabinet, plus de patients qui se plaignent de leur enfance et de l'éducation qu'on leur a donnée que de parents soucieux de bien élever leurs propres enfants.

De 10 à 18 ans, c'est la période troublée de l'adolescence. Des médecins de renom ont écrit tout ce qu'il faut en savoir, pourtant ils ont souvent prêché dans le désert. Sachons qu'à ce moment crucial les enfants ont plus que jamais besoin de leurs parents. Non pour être en permanence auprès d'eux, juger tous leurs actes, reprendre la moindre de leurs paroles, mais pour les comprendre et leur éviter de tomber dans la délinquance, la drogue, ou tout simplement la veulerie.

De 17 ou 18 ans à presque 25 ans, on pense que c'est le plus bel âge de la vie. Faux : l'extrême jeunesse est, comme l'extrême vieillesse, dangereuse. C'est l'âge où l'on enregistre le plus d'accidents, et surtout de suicides, l'âge du doute absolu, des choix qui vous engagent, des amours difficiles. Pour les parents, ce moment doit être celui de la vigilance, non de l'abandon.

Ensuite viennent l'entrée dans la vie active et la vie familiale, l'âge où plus personne ne vous considère comme un enfant, l'apprentissage des responsabilités. Hélas, c'est aussi l'âge où l'on s'oublie. En pleine force de l'âge, on ignore son corps, on le brûle, on a tort. Il a besoin d'un peu d'attention pour garder toutes ses forces. Comme le mariage a besoin d'amour pour ne pas finir en divorce, notre corps, et surtout notre ventre, a besoin de soins pour ne pas vieillir avant l'âge.

Après 40 ans, la maturité doit être l'âge de l'épanouissement. Celui où l'on ne passe pas son temps à regretter les occasions ratées, la carrière contestable, le divorce mal vécu... Que cela plaise ou non, on doit assumer l'homme ou la femme qu'on est devenu, apprendre à s'aimer et à se respecter tel que l'on est. Ou à en tirer les leçons. Parce qu'on est alors en pleine possession de ses moyens, on a aussi tous les atouts pour redresser la barre s'il le faut, se prendre en main, rectifier le tir : tout est perfectible si on le veut. Au moment d'aborder le deuxième versant de sa vie, il est temps de se mettre en bonne condition physique et morale.

Aux abords de la soixantaine vient le temps d'ouvrir son cœur et son esprit pour se préparer à une nouvelle jeunesse plus douce, plus indulgente, tournée vers les autres autant que sur soi. On pense à la retraite, on dit qu'on la souhaite, mais ce mot souvent sonne comme un glas. Dans retraite, il y a retrait, ce qui veut dire repli si on n'a pas su s'y préparer. Pour que le paradis escompté ne se transforme pas en enfer d'ennui et d'inutilité, il faut être en bonne santé et s'être donné d'autres raisons d'exister. Il en existe mille, deux ou trois suffiront.

Enfin, à 65 ou 70 ans, nous pourrons nous regarder dans notre miroir et nous dire : ce n'est pas si mal !

Il n'y a pas de leçon de vie, pas de cours de jeunesse, pas de petit livre rouge ou bleu qui puisse servir de guide et répondre à toutes les questions. Pourquoi ce livre, alors ? Parce que l'expérience des uns peut parfois servir aux autres et que je n'ai d'autre ambition que de vous aider à vivre longtemps et bien. La jeunesse est une vocation, qu'elle soit la vôtre. Il faut la vouloir, la cultiver, la mériter. Ce n'est pas si difficile. Je vais vous y aider en vous apprenant à être votre propre thérapeute.

— Ça prendra beaucoup de temps ?

— Quelques minutes par jour pour respirer, quelques minutes encore pour les automassages, une activité physique quelques heures par semaine, une alimentation saine et variée... Pas grand-chose, somme toute, pour garder le secret de l'éternelle jeunesse.

— C'est difficile ?

— Un peu au début, mais on n'a rien sans rien.

— J'y arriverai ?

— Tout le monde peut y arriver s'il le veut, à trois conditions : faire preuve de volonté, il en faut, mais il est fatigant de l'exercer en permanence. La discipline vous y aidera. Avoir le courage, enfin, de ne pas renoncer.

— Et je gagnerai quoi ?

— La jeunesse qui est une autre forme du bonheur, car elle n'a ni âge ni limites.

Le ventre est la source de la jeunesse

La jeunesse est la reconnaissance du ventre. Mais lequel d'entre vous en a conscience ?

Qui sait, aujourd'hui, que la santé du ventre conditionne non seulement le bien-être physique de l'individu, mais aussi sa santé mentale ?

Que le ventre est un « second cerveau », aussi important que l'encéphale qui pourtant, depuis des décennies, polarise toutes les attentions ?

Et que nos deux cerveaux communiquent, échangent des informations, influent l'un sur l'autre et vivent ainsi solidairement, indissociables l'un de l'autre ?

Cette découverte, que j'ai faite au fil du temps, sera la révolution des années à venir. Les recherches actuelles les plus avancées travaillent à percer les secrets du ventre, perçu désormais comme le siège de fonctions vitales dont la dégradation nous fait vieillir inexorablement.

Avoir un ventre sain est l'unique condition pour rester jeune et en bonne santé, bien dans sa tête, bien dans son corps, bien dans sa vie.

Les symptômes du vieillissement prennent naissance dans une souffrance du ventre

Les maladies fonctionnelles, qui affectent l'assimilation et l'élimination, ont des conséquences désastreuses, non seulement parce qu'elles provoquent des maladies et des souffrances, mais parce qu'elles influent sur le moral, le comportement, le goût de vivre.

Si les mécanismes de la digestion, la sécrétion des sucs et des hormones qui, tout au long de la chaîne digestive, participent à l'assimilation des aliments se font mal, tout le système neurovégétatif se dérègle. Au niveau intestinal, le bol alimentaire est mal digéré. Au lieu d'absorber les éléments nobles de l'alimentation, les cellules pompent en même temps des déchets et des toxines qui vont ensuite empoisonner le sang, donc les artères, perturber l'ensemble du système cardio-vasculaire et, au-delà, la plupart des fonctions vitales. Pratiquement tous les symptômes du vieillissement trouvent leur origine dans la souffrance d'un ou plusieurs organes de l'abdomen. Colites, gastrites, colopathies, ballonnements... se traduisent par des douleurs du ventre, certes, mais aussi du dos, des articulations, de la tête, et par des signes physiques : teint brouillé, cernes sous les yeux, rides, cellulite...

Mal de ventre et mal de vivre

Et, parce que le ventre et le cerveau, c'est-à-dire le système nerveux abdominal et le système nerveux cérébral, communiquent, ces pathologies fonctionnelles se traduisent aussi par un « mal de vivre » : fatigue, manque de désirs et de motivation, repli sur soi, déprime, irritabilité et agressivité.

Toute méthode s'acharnant à soigner l'un des cerveaux sans se préoccuper de l'autre est vouée à l'échec.

Que les spécialistes repliés sur leur domaine s'en offusquent, les faits ne leur donnent pas raison. Le temps viendra où thérapeutes manuels et psychothérapeutes devront travailler ensemble pour guérir leurs patients. Nous y reviendrons.

Soigner son ventre pour garder sa jeunesse

Est-ce à dire que si son ventre est en bonne santé, l'être humain ne sera jamais malade, ne vieillira pas, sera à l'abri de toute baisse de moral ? Évidemment non : la vie nous réserve de bonnes et de mauvaises surprises et nul n'est sûr d'échapper à un coup du sort. Mais j'affirme que celui qui aura pris soin de son ventre aura su préserver sa forme, son intégrité et sa jeunesse, abordera les aléas de l'existence dans les meilleures conditions possibles, aura en lui cette force qui permet de passer les obstacles et qui s'appelle la force vitale.

C'est cette force vitale qui est notre jeunesse, c'est elle que nous allons apprendre, ensemble, à conquérir et à conserver.

Le ventre est un second cerveau

Si j'ai choisi de commencer ce livre, consacré à la jeunesse, par ces vérités longtemps considérées comme iconoclastes, c'est qu'aujourd'hui les milliers de patients que j'ai traités pendant plus de quarante ans me donnent la force et, j'ose le croire, la légitimité, de tirer les leçons de ce qu'ils m'ont appris.

Depuis que je soigne des hommes et des femmes de tous âges et de toutes conditions, venus de tous les horizons, j'ai eu le temps de me livrer à mes propres observations et à mes propres statistiques. J'ai très vite constaté qu'il faut dépasser les apparences, chercher, au-delà de la demande première de chaque patient qui est toujours l'expression d'un problème physique, la quête fondamentale de tout être humain qui est de se sentir bien, physiquement et mentalement. Le saint Graal c'est la santé, santé du corps et de l'esprit, car l'un ne va pas sans l'autre.

Étrangement, ce qu'on prend généralement pour ma plus grande faiblesse est, au fil du temps, devenu ma force. Je ne suis pas médecin, même si de longues études d'ostéopathie et de diététique m'ont permis d'acquérir une connaissance intime du corps et de l'esprit humains. Mon approche est sensible, pratique plus que théorique, et l'instinct est toujours resté chez moi le plus fort. Je n'ai pas le goût de disserter indéfiniment sur des cas hypothétiques. Je pétris la chair humaine, je parle avec mes patients, et ma méthode, mise au point et affinée pendant de longues années, ne cherche qu'à obtenir des résultats. Ma seule victoire est de guérir. Or il se trouve que je soulage les hommes et les femmes qui viennent me consulter, et que non seulement leurs douleurs disparaissent, mais qu'ils vont mieux et retrouvent, en même temps que leur intégrité physique, une vraie joie de vivre.

Soigner le ventre pour libérer la parole

Je me suis aperçu très tôt qu'en traitant systématiquement le ventre de mes patients, en rétablissant, grâce à une thérapie manuelle associée à un certain nombre de règles de vie assez simples, les fonctions essentielles de l'assimilation et de la digestion, je libérais en même temps leur parole et ils recouvraient, dans des délais assez brefs, leur santé physique et mentale.

Quarante ans plus tard, la théorie rejoint la pratique, les chercheurs expliquent scientifiquement pourquoi cette méthode empirique était la bonne et justifient a posteriori le combat que je mène depuis si longtemps dans l'indifférence et, parfois, sous les sarcasmes de ceux qui savent ou croient savoir. J'ai toujours su que le ventre n'était pas quantité négligeable, comme on avait fini par le croire. Les Grecs dans l'Antiquité, les Japonais et les Chinois il y a mille ans situaient dans le ventre le centre de la vie. Certains y voyaient même le siège de l'âme. Nos sociétés occidentales « avancées » n'ont voulu y voir que la localisation de fonctions purement mécaniques, tout juste bonnes à transformer en bouillie dégoûtante les aliments indispensables à notre survie. Le ventre n'était en quelque sorte qu'une déchetterie faite pour fabriquer et éliminer des excréments. Bref, notre ventre n'avait pas de tête et nous étions composés de deux parties : l'une noble, celle du cœur et du cerveau, l'autre ignoble, sorte de tuyauterie qu'il valait mieux ignorer et dont il était presque indécent de parler. Maux de ventre, ballonnements et constipation ne faisaient pas partie des sujets à aborder.

Massages en profondeur

J'ai déjà raconté comment mes convictions s'étaient forgées au fil du temps. Je ne recommencerai pas ici, sauf pour ce qui concerne directement le propos de ce livre et vous aidera à mieux comprendre la méthode globale que je suis parvenu à mettre au point et que je détaillerai ensuite.

J'avais constaté très jeune que masser mon ventre en profondeur était le seul moyen de calmer les douleurs fulgurantes que j'éprouvais alors régulièrement. Naturellement, et sans réfléchir, j'ai commencé, dès mes débuts, à masser de la même façon le ventre de mes patients. Même s'ils avaient mal au dos. Même s'ils se disaient stressés. En réalité, aucun d'entre eux n'évoquait jamais son ventre, et ils étaient étonnés, voire offusqués que, lors de chaque séance, je masse longuement leur abdomen. Mais ils l'acceptaient et j'obtenais des résultats. Ils allaient mieux.

Palpations, massages, pétrissages et malaxages profonds, pincés-roulés... ces traitements n'étaient pas une partie de plaisir, on était loin du massage classique ! En allant très profond, en dessous du tissu conjonctif, en soulevant la peau pour atteindre la masse graisseuse accumulée juste au-dessus des viscères, je déclenchais des douleurs qui arrachaient des cris et des sanglots à mes patients pendant les premières séances, mais, heureusement, s'estompaient à la quatrième ou la cinquième. Je constatais chaque fois que ces manœuvres, pratiquées sur les points douloureux ou sensibles, le long des méridiens, sur les plexus, finissaient par soulager les douleurs, et soigner les glandes et les systèmes neurovégétatif et cardio-vasculaire qui se remettaient à fonctionner normalement.

J'observais que mes patients diabétiques retrouvaient de meilleurs taux d'insuline et pouvaient diminuer le nombre de leurs piqûres, et que ceux qui avaient près de 3 grammes de cholestérol retrouvaient des taux plus normaux de 1,80 ou 2 grammes. Les femmes souffrant de règles douloureuses voyaient leurs symptômes disparaître lorsque je massais leur bas-ventre, et, à l'examen, certains kystes et fibromes diminuaient de volume. Mieux encore : ceux qui étaient en analyse ou en psychothérapie faisaient des progrès, pouvaient espacer leurs séances et terminer leur thérapie plus rapidement, au grand étonnement de leur psy.

La molécule de l'obésité abdominale

Plus de trente ans après, je viens de comprendre pourquoi cette technique de massage obtient ces résultats spectaculaires. Une équipe japonaise, dirigée par le Dr Iichiro Shimomura, de l'université d'Osaka, vient en effet de démontrer que la graisse corporelle fonctionne comme un tissu endocrinien. Elle sécrète une variété de protéines, appelées adipokines, qui jouent un rôle prépondérant dans le métabolisme. Si la production de ces hormones n'est pas correctement régulée, elles contribuent au syndrome métabolique.

Or on sait aujourd'hui que ce fameux syndrome est une « bombe à retardement » puisqu'il constitue, sans que le patient en ait aucunement conscience puisqu'il ne ressent rien, une « constellation de facteurs de risques ». Diabète, maladies cardio-vasculaires, hypertension artérielle, pathologies qui représentent les premiers facteurs de mortalité dans toutes les sociétés avancées actuelles. Les moyens de diagnostiquer le syndrome métabolique sont très faciles, puisqu'il se détecte essentiellement par un dosage des triglycérides dans le sang, la mesure de la tension artérielle, et celle... du tour de taille. Si celui-ci excède 88 centimètres chez la femme et 102 centimètres chez l'homme, on estime que ce syndrome est avéré.

Les chercheurs japonais viennent de trouver pourquoi l'obésité abdominale est un facteur déclenchant de pathologies sévères [1]. Ils ont découvert dans la graisse sous-cutanée, et surtout

1. *Le Quotidien du médecin*, décembre 2004.

dans la graisse abdominale, une molécule qu'ils ont appelée visfatine (*vis* pour viscérale et *fat* qui veut dire gras en anglais). En réalité, on avait déjà identifié cette protéine dans le mécanisme de formation des lymphocytes qui participent à nos défenses immunitaires. Ce qui avait conduit à penser que le tissu graisseux pouvait servir de coordinateur métabolique et immunologique pour l'organisme. Les chercheurs japonais ont montré que plus le taux de visfatine augmente, plus la graisse viscérale s'accumule, et que la visfatine joue un rôle semblable à celui de l'insuline, bien que moins important, et participe donc à la régulation de l'assimilation des sucres. En résumé : un excès chronique de visfatine pourrait être associé au développement du syndrome métabolique.

En traitant la masse graisseuse abdominale, les massages profonds du ventre jouent donc un rôle dans la « réparation » du métabolisme. On peut les pratiquer soi-même, et je vous apprendrai dans ce livre les techniques d'automassage. Associés à une respiration profonde et contrôlée, ils constituent les bases de ma méthode pour garder la vraie jeunesse, celle du corps et de l'esprit.

Apprendre à lire un ventre

On apprend à lire un ventre comme on lirait un livre en braille : avec les mains, les doigts, les paumes. Les mains sentent, devinent, repèrent les circuits d'énergie interrompus, les glandes et les organes paresseux ou engorgés qui vont mal, les dysfonctionnements. Les mains soignent et le ventre répond. Peu à peu sa géographie m'est devenue familière et j'ai pu diagnostiquer sans me tromper toutes les pathologies fonctionnelles.

Évidemment, il ne servait à rien de soigner un ventre que son propriétaire s'acharnait à détruire, ni de remettre en état quelqu'un qui, la porte refermée, se nourrissait de façon anarchique, fumait deux paquets de cigarettes par jour, se bourrait d'excitants et ne quittait jamais son fauteuil ou sa voiture. En écoutant des milliers de patients, j'ai compris quels étaient les détonateurs, les poisons qui mettent à mal nos fonctions organiques. J'ai détecté les ennemis irréductibles de notre santé. J'ai découvert que l'essentiel est de refuser de se faire du mal, d'adopter les quelques règles de vie qui vous conviennent et de s'y tenir pour que le résultat positif obtenu soit durable.

Ainsi est née ma méthode. Certains d'entre vous la connaissent à travers mes livres. Aujourd'hui, plus fort d'une expérience plus longue, conforté par les plus récentes découvertes scientifiques, je souhaite vous donner mon code pour vivre en pleine santé, et être jeunes quel que soit votre âge.

La peur de vieillir est mauvaise conseillère

Nous avons tous peur de vieillir, pourtant nous savons que c'est inéluctable. L'homme n'étant pas immortel, son organisme étant programmé pour glisser inéluctablement de sa naissance à sa mort au prix d'une lente dégradation, *la* préoccupation prioritaire de chaque homme et de chaque femme aujourd'hui est de vieillir, certes, puisqu'on ne peut pas faire autrement, mais le moins et le plus lentement possible, sans s'en apercevoir, et, surtout, sans que les autres s'en aperçoivent.

Nous voulons vieillir sans en avoir l'air.

Au fait, qu'entend-on par « vieux » ou « vieille » ? On pense à un corps diminué et qui souffre, à une vie rétrécie. On évoque les trois fléaux responsables, de la grande majorité des décès dans les pays développés : le cancer, les maladies cardio-vasculaires, la maladie d'Alzheimer. Cette dernière étant, de surcroît, synonyme d'enfermement mental et de déchéance. On pense aussi fatigue, lassitude, manque d'intérêt, repli sur soi. Le corps s'étiole, le cerveau se met en veilleuse, on ne vit plus, on survit. Et ne parlons pas des signes évidents du vieillissement, même s'ils ne s'apparentent à aucune maladie : rides, peau flasque, poches sous les yeux, cheveux plus rares, seins en berne... Les habits de la vieillesse sont les atours du malheur.

On nous ment et nous le savons

Autour de la vieillesse et de ses décrépitudes, médecins, chercheurs, laboratoires pharmaceutiques ne restent pas les bras ballants. Une bonne partie des crédits de la recherche est consacrée à lutter contre les effets du vieillissement. Le suivi des seniors s'est organisé comme une grande cause nationale. On multiplie les examens et les traitements, et les produits de remplacement sont si nombreux qu'ils se substituent pratiquement à tout : pilules de jouvence, hormones de synthèse, nutriments en gélules, vitamines, oméga 3 et oligoéléments en flacons... Et n'oublions ni les remonte-moral ni les accélérateurs de mémoire, petites pilules roses et bleues pour faire dormir ou sourire dont les Français sont, paraît-il, les plus gros consommateurs du monde. Autant, à mes yeux, de cautères sur une jambe de bois ! La preuve : jamais la peur de vieillir n'a été aussi forte. Nous avons peur de ce qui nous attend parce qu'on nous ment et que nous le savons.

Au hit-parade de l'angoisse, les mieux placés sur le podium sont évidemment ceux dont la carrière est à la fois courte et fondée sur le physique : les sportifs d'un côté, les mannequins et les comédiens de l'autre. Pour eux, la bataille est acharnée et elle commence d'autant plus tôt que l'échéance est courte. Il est intéressant de constater qu'aucun d'eux n'accepte sa situation, bien que tous connaissent les contraintes du métier qu'ils ont eux-mêmes choisi. Footballeurs, cyclistes, tennismen... toutes les disciplines sont aujourd'hui victimes du dopage. Anorexie et chirurgie esthétique à outrance : tous les mannequins et la plupart des actrices se torturent pour préserver une beauté qui est leur seul capital. Beaucoup viennent me consulter, tous sont usés avant 40 ans. Se faire la guerre, traiter son corps comme son pire ennemi, sont des conduites qui mènent tout droit à l'échec.

Ces catégories sont à part, direz-vous. Elles ne représentent qu'une frange étroite de la population. Erreur : elles expriment seulement, plus tôt et plus fort, la même angoisse que les autres.

Cet homme de 51 ans, bronzé aux UV toute l'année, body-buildé, se bourre d'hormones, souffre en permanence de maux de tête et de ventre. Il ne comprend pas pourquoi puisqu'il ne fume pas, ne boit pas et mène une vie ascétique pour garder indéfiniment une allure de jeune homme.

Cette jeune femme de 30 ans qui a refait son nez, ses seins, subi une liposuccion du ventre et des cuisses, est au régime depuis dix ans, mais son ventre est gonflé, dur et douloureux, ses yeux sont cernés et son teint est triste.

Je pourrais multiplier les exemples comme autant de perles dans un interminable collier. Ce qui est clair, c'est que si la guerre contre la vieillesse est déclenchée, elle se fait aujourd'hui dans de mauvais combats. La gomme à effacer le temps n'a pas encore été inventée. Et pourtant... Chaque fois qu'un homme ou une femme décide de se prendre en charge, de soigner son ventre et d'ouvrir son cœur et son esprit, c'est la jeunesse qui l'emporte.

Quelques données scientifiques pour rassurer les sceptiques

Les temps changent. Les recherches les plus avancées, notamment aux États-Unis et en Australie, font, depuis deux ou trois ans, état de découvertes proprement révolutionnaires que l'on peut résumer ainsi : le ventre est structurellement, chimiquement, biologiquement, un second cerveau. Et ce cerveau est connecté à l'autre, le « vrai », si bien qu'ils sont indissociables. Ils communiquent, ils échangent, et il est vain d'espérer que l'un puisse aller bien si l'autre va mal. Nos cerveaux font un tout, et ce tout, c'est nous.

Entre ventre et cerveau : les neurotransmetteurs

L'exemple le plus flagrant concerne un neurotransmetteur : la sérotonine. Rappelons que les neurotransmetteurs, que l'on appelle aussi, de façon plus imagée, les neuromessagers, sont des substances chimiques dont le rôle est de transmettre des messages à des cellules nerveuses. On pourrait les comparer à des clefs dont certains neurones seraient les serrures, chaque clef correspondant à une serrure particulière. Certains neurotransmetteurs sont des inhibiteurs, d'autres, au contraire, des excitateurs, et chacun correspond à une partie spécifique du système nerveux. La sérotonine, elle, est impliquée dans la régulation de la température, du sommeil, de l'humeur, de l'appétit, de la douleur. Un dysfonctionnement dans la transmission de la sérotonine se traduit par des comportements impulsifs, de l'agressivité, des dépressions, voire des suicides, des boulimies, des insomnies. Son rôle est donc primordial, comme d'ailleurs celui de la plupart des neurotransmetteurs. Or, selon le Pr Michael Gershon [1], de l'université de Columbia à New York, 95 % de la sérotonine seraient produits par les intestins. Il en déduit que, par le biais de ce neurotransmetteur, notre cerveau primaire nous communique des informations sur nos habitudes alimentaires. « Les cellules nerveuses de l'intestin utilisent la sérotonine pour envoyer des informations au cerveau, dit-il. Elles peuvent nous inciter à éviter certains aliments en nous informant par des douleurs, des gaz, ainsi que d'autres sensations désagréables. »

1. Le Pr Michael D. Gershon est l'auteur de *The Second Brain*, Harper Perennial.

Des chercheurs australiens ont identifié dans le système digestif une vingtaine de substances chimiques identiques aux neurotransmetteurs, chargées d'envoyer des messages aux cellules nerveuses du cerveau.

N'oublions pas que les neurotransmetteurs jouent tous un rôle essentiel. Pour ne citer que les plus connus, la dopamine est un inhibiteur qui contrôle les mouvements et les postures, module l'humeur et joue un rôle central dans le renforcement positif et la dépendance. Une perte de dopamine provoque une rigidité musculaire et la maladie de Parkinson. L'acétylcholine, qui déclenche la contraction musculaire et stimule la sécrétion de certaines hormones, joue un rôle dans l'éveil, l'attention, la colère, l'agressivité, la sexualité, et aussi la soif. Son absence dans certaines parties du cerveau est l'un des symptômes de la maladie d'Alzheimer.

La noradrénaline joue sur l'attention, les émotions, le sommeil, le rêve, l'apprentissage. Libérée comme une hormone dans le sang, elle contracte les vaisseaux sanguins et augmente la fréquence cardiaque. Mais elle est également impliquée dans les troubles de l'humeur, l'anxiété, la dépression et la maniaco-dépression. Il est remarquable que ces neurotransmetteurs, comme tous les autres, aient un double rôle, physique et psychique, et concernent à la fois nos organes, nos fonctions (pulmonaire, cardiaque...) et nos humeurs, nos comportements, nos façons d'être.

Le ventre est une « usine à neurones »

Selon ces chercheurs, le ventre serait une véritable « usine à neurones », produisant quelque cent millions de cellules nerveuses, soit presque autant que la moelle épinière. Au point qu'ils n'hésitent pas à parler, à propos du ventre, d'un second système nerveux, qu'ils nomment « système nerveux entérique ». Le ventre aurait donc bien d'autres fonctions que d'assurer le transit de la nourriture à travers le tube digestif : il serait capable de « ressentir », de véhiculer des messages et aussi d'« orchestrer » les cellules immunitaires qui assurent nos défenses. Le ventre aurait ainsi sa propre intelligence. Parallèlement, il souffrirait des mêmes maux que le cerveau, auquel il transmettrait des messages générant des émotions.

L'indépendance du ventre

On savait déjà qu'entre le cerveau et le ventre existe un lien, appelé le « nerf vague », dont la particularité est d'être à fois moteur et végétatif. Nerf du quatrième arc brachial, c'est-à-dire du larynx et du laryngo-pharynx, ce nerf contient des fibres nerveuses végétatives destinées aux viscères thoraciques : cœur, poumons, œsophage, et abdominaux, puisqu'il innerve aussi l'appareil digestif et les reins. Si on le sectionne, on constate que le système neurovégétatif, coupé du cerveau, continue à fonctionner et assure de façon autonome la digestion du bol alimentaire. Ce qui, selon ces chercheurs, « prouve la totale indépendance du système nerveux entérique à intégrer des informations et à y répondre, ce qui fait effectivement de lui un second cerveau ».

Ces chercheurs, tenants d'une nouvelle discipline médicale naissante qu'ils ont baptisée « neuro-gastro-entérologie », provoquent bien des controverses. Mais ils suscitent aussi bien des émules en apportant des preuves scientifiques à leur théorie qui fait du ventre notre second cerveau et explique que nos deux cerveaux doivent coopérer. Faute de quoi, dit le Pr Gershon, « c'est le chaos dans notre ventre et la misère dans notre tête ».

Préserver son ventre pour préserver ses forces vitales

Le ventre, cerveau et moteur de notre organisme, est donc bien, comme je l'ai toujours pressenti, le centre de nos bonnes et de nos mauvaises fortunes, le responsable de notre bonne santé ou de nos malaises physiques et mentaux, de notre joie de vivre ou de nos difficultés psychiques. Il est la réplique et l'interlocuteur de notre premier cerveau, ce qui est, après tout, une excellente nouvelle. Car ces découvertes qui vont être, j'en suis certain, suivies de beaucoup d'autres, démontrent de façon éclatante ce que j'ai toujours préconisé : si on comprend l'importance de son ventre, si on en prend soin, si on fait ce qu'il faut pour le maintenir en bon état de fonctionnement, on préserve ses forces vitales.

Les civilisations anciennes pensaient que le ventre était le siège de l'âme. Le troisième millénaire commence à redécouvrir l'importance de cet « empire du milieu » où naissent nos émotions et se fabriquent nos défenses contre les attaques de la maladie et de l'âge. Nous connaissons l'importance de la pensée. Nous savons, sans qu'il soit besoin de nous le prouver, que nous pouvons influencer nos humeurs, agir sur notre moral, réagir quand ça va mal, nous contrôler si les circonstances l'exigent. Il en est de même pour notre ventre : si nous considérons que c'est un cerveau, nous devons admettre que nous pouvons, en quelque sorte, le piloter. Nous pouvons l'aider, le conforter, lui donner toutes ses chances de faire son travail correctement. Il suffit pour cela de connaître le code, d'adopter les règles de vie et de comportement (rassurez-vous, elles sont simples et relativement peu nombreuses), qui préserveront notre capital santé, pour retrouver et conserver la vraie jeunesse, et non seulement paraître mais avoir dix ans de moins.

Soigner son ventre

Un ventre en bonne santé est un ventre souple, un ventre tonique, un ventre plat, qui ne fait pas mal et se laisse oublier, justement parce qu'il va bien. Des douleurs lors d'une palpation profonde, des gaz, des ballonnements, des flatulences, une mauvaise haleine, des plaques de cellulite sur l'abdomen au niveau d'un ou de plusieurs organes sont des signes de souffrance abdominale et de désordres fonctionnels.

Le ventre est notre protecteur. En renforçant nos défenses immunitaires, il fait barrière aux maladies de la société de consommation. Et, j'en suis persuadé, à des pathologies comme le cancer, dont on sait fort bien qu'il s'attaque plus volontiers à ceux dont les défenses, physiques ou psychiques, sont amoindries, les allergies, signes d'une révolte de l'organisme contre un agent banal soudain perçu comme agressif, les maladies cardio-vasculaires, le diabète, l'obésité. La plupart de ces maladies sont à la fois génétiques et environnementales. Il est difficile, en l'état actuel de nos connaissances, d'intervenir sur les facteurs génétiques. Nous pouvons en revanche agir sur notre environnement et nos comportements.

Mais on ne peut pas se contenter de soigner le ventre comme on réparerait une machine. Santé du ventre et santé de l'esprit vont de pair. Jeunesse et santé sont l'expression d'une harmonie profonde entre nos deux cerveaux.

Fatigue, insomnie, stress, dépression... sont le lot de ceux dont le ventre est malade. Un gros souci, un coup de colère, un chagrin d'amour, et on a mal au ventre... Nul besoin de s'interroger longuement pour percevoir les correspondances entre ventre et cerveau.

Je vous propose d'apprendre ensemble à soigner votre ventre, à ouvrir votre cœur, à apaiser votre esprit. Vous y gagnerez la santé, la jeunesse et, peut-être, enfin débarrassés des pesanteurs qui vous entravent, un supplément d'âme.

Dans *Et si ça venait du ventre?* [1] j'ai expliqué toutes les techniques de ma méthode. Je n'y reviendrai pas ici dans le détail. Mais il est temps de comprendre comment se recomposer, apprendre les gestes et les comportements sans lesquels, inévitablement, vous vivrez mal, vieillirez trop vite, souffrirez de ces petits maux qu'on croit sans importance alors qu'ils vous pourrissent la vie, au sens propre du terme, et font de vous des candidats à des maladies graves contre lesquelles, si vous êtes en état de moindre résistance, vous ne pourrez pas lutter.

Faites de votre ventre un résistant, un combattant de la bonne santé, il vous le rendra en bonheur de vivre.

1. Éditions Robert Laffont, 2002.

Masser son ventre

Répondez franchement : depuis quand n'avez-vous pas touché votre ventre? Il est symptomatique que dans une société libérée, où l'on s'exhibe sans pudeur, où les filles se baladent le ventre à l'air, on ne songe pas à toucher son ventre, à le caresser, à le masser. Comme si on avait peur, ou honte, de s'intéresser de trop près à cette partie intime de son corps, et qu'on préfère l'oublier. L'oubli est le pire des ennemis. Il faut au contraire apprivoiser son ventre, le connaître, le respecter, l'aimer pour le soigner, et pour cela chacun d'entre vous est son meilleur thérapeute.

Il existe plusieurs façons de pratiquer les automassages du ventre :

- *Effleurages* pour vous relaxer.
- *Pressions et relâchements* en alternance pour comprendre où se nouent les tensions, identifier les douleurs.
- *Malaxages et pétrissages doux* faits à deux mains des bourrelets que l'on pétrit comme on pétrirait une pâte, lentement mais en profondeur, pour stimuler les glandes et les organes.
- *Massages forts et profonds* sur les zones des plexus pour traiter, désengorger, réveiller, fortifier les systèmes (neurovégétatif, pulmonaire, cardiovasculaire...) et les fonctions vitales.
- *Pincés-roulés et pétrissage :* on prend la peau entre le pouce et les doigts, et on la fait rouler pour chasser la cellulite.
- *N'oubliez pas la tête :* masser sa tête détend le ventre. Faire à l'aide des doigts, mais sans frotter, des pressions-rotations assez fortes sur le front,

le pourtour des sourcils, les tempes, la nuque en décollant en même temps le cuir chevelu.

• *Ne soyez pas timide :* d'instinct, vous saurez vous y prendre à condition de ne pas hésiter à pratiquer certaines manœuvres avec un peu de force. Il faut atteindre les organes à travers la peau et, en dessous, le tissu conjonctif souvent cellulitique.

La peau est le reflet de notre bonne ou de notre mauvaise santé intérieure. Je ne parle pas ici du derme, qui est la surface de la peau, mais du tissu épais qui recouvre nos organes. Si le ventre est en bonne santé, on peut décoller la peau sur tout le corps sans déclencher la moindre douleur. Si les organes sont en dysfonctionnement, la peau réagit. Il suffit de faire des pincés-roulés à l'endroit de l'estomac, de la vésicule, du foie, du pancréas, de la rate, des reins, pour diagnostiquer immédiatement, et sans se tromper, l'état de l'organe qui est en dessous. S'il va mal, on éprouve une forte douleur, provoquée par l'inflammation du tissu conjonctif profond. En broyant les plaques de cellulite au niveau des plexus, on revitalise l'organe par réflexe et, au-delà, l'ensemble du système neurovégétatif, et, au-delà encore, les systèmes cardio-vasculaire, neuromusculaire et endocrinien. En outre, on retrouve son énergie car l'infiltration du tissu conjonctif par des toxines provoque une importante fatigue.

• *Soyez ferme. Et écoutez-vous :* pratiquez ces massages assis ou couché, chez vous ou au bureau, mais seul et dans le calme. Il faut écouter son ventre, tous sens en éveil. Alors il vous deviendra familier, et alors, alors seulement, il vous répondra, vous obéira, reprenant un rythme naturel.

Ces automassages ont un rôle essentiel. Le ventre est le siège des fonctions primaires et des émotions. En le soignant, vous trouverez la santé et la jeunesse.

Oxygéner son ventre

On sait bien que, pour vivre, il faut respirer, mais on respire mécaniquement, sans y penser, c'est-à-dire mal, à petits coups, comme si ça n'avait pas d'importance. On respire à l'économie, du haut du corps, on remplit à peine ses poumons, et, 99 fois sur 100, on oublie totalement de respirer aussi avec le ventre. Privé d'oxygène, le ventre dépérit. C'est la porte ouverte aux troubles neurovégétatifs, à la fatigue, à la nervosité, à la prise de poids, aux problèmes sexuels, et j'en passe.

Sans compter que ce manque d'oxygénation du ventre coupe, en le mettant en sommeil, la communication entre les deux cerveaux.

La respiration est pourtant naturelle : les bébés et les animaux respirent en gonflant leur ventre autant que leurs poumons. Aujourd'hui, les adultes stressés que nous sommes respirent comme ils mangent, comme ils vivent, sans réfléchir, sans se fatiguer, sans y accorder d'importance. Soyons logiques : pour aérer une pièce, on ouvre la fenêtre en grand, pas à l'espagnolette. Ouvrez-vous à la respiration. Pas tout le temps, mais souvent – l'idéal est de prendre quelques minutes toutes les heures, au moins au début.

Inspirez lentement, profondément. Gonflez votre ventre, puis la cage thoracique. Cette forme de respiration, à laquelle vous ne consacrerez que quelques minutes par heure, exerce un massage naturel sur le cœur, l'estomac, la vésicule, le pancréas, le foie, la rate, les intestins, les reins, favorise les fonctions d'assimilation-élimination et stimule les plexus, eux-mêmes directement reliés au cerveau par le nerf vague. Stimulée, l'hypophyse produit plus d'endorphines, appelées aussi, à juste titre, les hormones du bien-être. Et les défenses immunitaires sont réactivées.

Au début, la tête vous tournera peut-être un peu. Comme un convalescent ou un prisonnier retrouvant brutalement l'air libre et la liberté, vous serez étourdi. Réaction normale, et qui en dit long sur les privations imposées depuis trop longtemps à votre organisme. Votre cerveau et votre ventre ont besoin d'oxygène.

Tenez-vous droit

Rien ne vieillit plus qu'une attitude relâchée : ventre en avant, dos rond, épaules affaissées... le type d'attitude que l'on adopte lorsque le ventre souffre d'un état inflammatoire ou que l'esprit a démissionné. Outre qu'elle est disgracieuse, cette posture devient vite une torture pour l'organisme, et en particulier pour le dos. Chaque glande, chaque système étant relié à une vertèbre, elle fatigue également l'organisme tout entier.

On peut s'en défendre en prenant le parti de se tenir droit, mais pas trop, c'est-à-dire pas trop cambré.

Marchez, en marche rapide et à grandes enjambées, une demi-heure par jour. Marchez en redressant le dos : dégagez votre cage thoracique, vous ferez ainsi travailler en douceur vos abdominaux.

Cette marche dynamique et régulière fait maigrir sans autre gymnastique, chasse la fatigue et l'anxiété, détend et améliore la santé physique et l'optimisme.

Abdominaux : le bon moment

Les abdominaux sont évidemment une des meilleurs solutions pour muscler son ventre, mais on ne peut les pratiquer que lorsque le ventre a recouvré sa santé. Si l'on est ballonné, spasmé, si l'on a mal au ventre, on accentuera ces symptômes en pratiquant des abdominaux. Pis : on provoquera du stress et de l'anxiété. Chez les plus âgés, ils risquent de provoquer une hernie, hiatale ou inguinale.

À l'inverse, pratiqués avec un ventre sain, ils apportent un regain d'énergie.

Sport contre cholestérol

On ne répétera jamais assez que l'activité physique est indispensable : le pire ennemi de l'homme du XXIe siècle est la sédentarité.

Pour fortifier son cœur, il suffit de pratiquer régulièrement un sport d'endurance, les meilleurs et les plus faciles étant la marche, le vélo ou la natation. Pourquoi dépenser des fortunes pour soigner les maladies cardio-vasculaires, notamment l'infarctus et les terribles accidents vasculaires cérébraux, dont la plupart ont pour origine une mauvaise oxygénation des cellules de l'intestin qui provoque un excès de cholestérol ? Le diabète de type 2, l'hypertension, l'ostéoporose, sont aussi liés à un manque d'exercice physique, sans compter l'obésité qui, après avoir fait des ravages outre-Atlantique, devient chez nous une des maladies les plus répandues.

Campagne anti-paresse

On grossit parce qu'on mange trop ou mal, mais aussi parce qu'on ne bouge pas assez. Entre le téléphone, la télévision, la voiture et l'ordinateur, un humain peut désormais vivre quasiment sans faire d'autres mouvements que se lever, s'asseoir et faire quelques pas. Une enquête réalisée en 2001 a montré que la grande majorité des Français n'a pas l'activité physique minimale (une demi-heure de marche rapide quotidienne) pour être en bonne santé ! Le problème est tel que les pouvoirs publics ont lancé une campagne nationale.

Faut-il vraiment faire appel à la presse, la radio, la télévision pour convaincre les Français d'aller faire leurs courses à pied, de descendre du bus un arrêt plus tôt, de prendre moins souvent l'ascenseur et d'aller faire un tour dans un jardin public ou dans un bois pendant le week-end ? Il semble que oui et c'est navrant. Ni la peur de la maladie, ni l'amour qu'ils éprouvent pour leurs enfants (1 enfant sur 6 aujourd'hui est obèse) ne semblent parvenir à les motiver. Sont-ils devenus des veaux ? Une telle attitude n'appelle en réponse que le coup de gueule qu'il me prend souvent envie de pousser. Il est vrai qu'on ne peut faire le bonheur des gens malgré eux. Mais on est en droit de se demander pourquoi il est urgent de chercher désespérément à combler le trou de la Sécurité sociale alors qu'il est en permanence creusé par la paresse de nos contemporains.

Le ventre a besoin de rire

Notre ventre a besoin de rire. Ce n'est pas une plaisanterie : le rire est un médicament. Il existe même des cures de rire organisées comme des cures de santé. Car le rire provoque des vibrations équivalentes à une sorte de jogging intérieur, qui stimulent les fonctions neurovégétatives, activent la sécrétion d'hormones et font travailler les muscles du ventre : quand on a beaucoup ri, il n'est pas rare d'éprouver les mêmes douleurs musculaires qu'après une séance d'abdominaux.

Il existe trois sortes de rires, aussi bénéfiques l'une que l'autre :

• le *rire intérieur*, celui de l'humour et de l'autodérision, qui nous donne du recul sur les événements, nous calme, et, sans faire de bruit, nous déstresse ;

• le *rire spontané*, qui répond naturellement à quelque chose de drôle. Pas besoin de s'exercer pour le pratiquer : un copain rigolo, une pièce de théâtre ou un film comique feront très bien l'affaire ;

• le *rire provoqué*, auquel on s'entraîne et que l'on pratique comme un exercice salutaire. Riez bruyamment aux éclats en accompagnant ce rire par de grands gestes : écartez largement les bras, ouvrez votre cage thoracique, faites vibrer votre ventre.

Nourrir son ventre : mon anti-régime

J'avais appelé un de mes livres *Manger pour guérir*, c'est toujours le sujet. Comment ne pas comprendre, à moins d'être suicidaire, ou candidat au cancer et au vieillissement prématuré, que manger n'importe quoi, n'importe comment, n'importe quand, revient très exactement à s'empoisonner ?

On n'a jamais autant parlé de nutrition et de nourriture. On pourrait remplir des bibliothèques entières de livres de régimes. Les grands chefs, promus nouvelles stars par la radio et la télévision, confient leurs recettes. Maïté fait un malheur. Deux chaînes du câble donnent vingt-quatre heures sur vingt-quatre des recettes de cuisine. Je ne sais combien de magazines nous donnent les secrets des menus de fête ou des menus minceur, des menus vite faits ou des plats de saison. La cuisine, ouverte « à l'américaine » ou fermée à l'ancienne, est un des sujets de prédilection des journaux de décoration. Les appareils de cuisson, les fours et autres ustensiles, de plus en plus performants, de plus en plus *design*, sont les nouveaux objets du désir. Nous n'en continuons pas moins à avaler sur le pouce des sandwichs trop gras, à sauter des repas pour nous goinfrer à d'autres, à nous bourrer de tout ce qui nous fait mal, quand nous n'entamons pas, histoire de réparer les dégâts visibles sur notre ligne, des régimes imbéciles, carencés et dangereux.

Il n'est pourtant pas difficile de manger sainement.

Quelques grands principes

Une mauvaise alimentation conduit inexorablement à un vieillissement prématuré. En ce domaine, il est indispensable, si l'on veut préserver sa santé et sa jeunesse, de connaître deux ou trois grands principes et de respecter quelques règles.

Ennemi n° 1 : l'excès de fermentation intestinale

Le facteur numéro 1 du vieillissement est l'excès de fermentation intestinale, appelé aussi colopathie fonctionnelle. Due à la fois au stress, à une mauvaise alimentation et à l'absorption trop rapide des aliments, elle provoque, au sens littéral du terme, un empoisonnement quasi généralisé. Mal assimilé, le bol alimentaire arrive dans l'intestin grêle chargé de toxines qui sont pompées par les cellules et renvoyées dans le sang. Il s'ensuit une fatigue physique, un encrassement du système cardio-vasculaire, un dérèglement du système endocrinien. En même temps, parce que les intestins s'enflamment et gonflent, le ventre pointe vers l'avant, le dos s'arrondit, les épaules s'affaissent, et l'on adopte involontairement l'attitude caractéristique des vieillards.

Ballonnements, spasmes, flatulences, mais aussi vieillissement de la peau, cheveux ternes, rhumatismes, goutte, sont les conséquences visibles de cet état dont les manifestations insidieuses sur les glandes, le cœur, les vaisseaux, sont autrement inquiétantes, et qui augmente aussi la nervosité, l'anxiété et la morosité, favorisant ainsi l'apparition d'états dépressifs.

Une pathologie reconnue

La colopathie fonctionnelle, que d'autres appellent le syndrome de l'intestin irritable, est un trouble extrêmement répandu : elle touche 15 à 20 % de la population en moyenne, et nettement plus les femmes que les hommes. Elle apparaît généralement avant 35 ans, et, dans 40 % des cas, entre 35 et 50 ans.

On a conduit un certain nombre d'études expérimentales pour mieux comprendre cette pathologie que beaucoup refusaient de reconnaître comme telle. Elle présente pourtant des signes cliniques évidents : douleurs abdominales, diffuses ou localisées, parfois très intenses, flatulences (gaz et borborygmes), ballonnement abdominal, alternance de constipation et de diarrhée, nausées, mauvaise haleine. Elle s'accompagne inévitablement d'émotivité et d'anxiété.

Si les médecins confrontés à ce genre de symptômes proposent souvent des médicaments, je suis fermement convaincu qu'ils sont inutiles. Entièrement liée à une mauvaise alimentation : excès de sucres rapides, de farine blanche, de crudités, de boissons gazeuses sucrées, et à une prise alimentaire trop rapide, la colopathie fonctionnelle peut être corrigée par une sérieuse hygiène alimentaire. Des travaux cherchent actuellement à établir le lien entre la colopathie fonctionnelle et le cerveau par l'intermédiaire de la sérotonine, neurotransmetteur très impliqué dans les sensations digestives.

Attention à l'excès d'acidité

Le PH de nos cellules est légèrement alcalin. Sans entrer dans des notions biologiques complexes, il faut savoir qu'une alimentation trop acide est particulièrement nocive puisqu'elle perturbe l'équilibre chimique de la cellule elle-même.

De manière générale, les aliments les plus acidifiants sont les viandes grasses, les charcuteries, les confiseries, les confitures, les sucres raffinés, la farine blanche contenue dans les viennoiseries, les pizzas..., les alcools digestifs ou apéritifs lourds et sucrés, les jus de fruits en conserve, les boissons à base de cola, les huiles raffinées, l'excès de thé et de café et de produits laitiers.

Pour régulariser le PH, je conseille le riz, les volailles, les légumes cuits, les fruits (banane, pêche), les poissons. Les repas équilibrés que je préconise à la fin de ce chapitre vous permettront de revenir à une alimentation à tendance plus alcaline, donc plus saine et plus facile à digérer.

Alerte aux radicaux libres

Fabriqués à partir de l'oxygène que nous respirons, les radicaux libres sont unanimement considérés comme l'un des facteurs principaux du processus d'oxydation des cellules qui accompagne le vieillissement. Leur accumulation ne se contente pas de provoquer tous ces signes que nous détestons : rides, peau flasque, cheveux ternes, yeux cernés..., elle entraîne aussi des atteintes des noyaux et des membranes cellulaires qui favorisent l'apparition de maladies comme le cancer et l'athérosclérose. Depuis une dizaine d'années, on attribue à l'effet des radicaux libres un nombre de plus en plus grand d'affections : inflammations rhumatismales, ischémie (ou asphyxie) cellulaire, asthme et maladies pulmonaires.

Pour les prévenir, il est essentiel d'absorber en quantité des aliments riches en antioxydants. L'énorme enquête Suvimax, réalisée en France sur 13 000 volontaires pendant huit ans, a montré qu'une alimentation comportant au moins 400 grammes de fruits et de légumes par jour réduisait considérablement l'incidence des cancers et des maladies cardio-vasculaires.

Les « piégeurs » de radicaux libres les plus efficaces sont les vitamines A (bêta-carotène), C et E, et certains oligoéléments (sélénium, zinc). Le Dr Serge Hercberg, directeur de recherche à l'Inserm-Cnam, cite volontiers, pour illustrer cette affirmation, l'image du jus de citron qui, versé sur une demi-pomme, l'empêche de noircir.

Pour freiner la prolifération des radicaux libres, il est donc bon de privilégier les antioxydants, dont les plus importants sont les légumes, les fruits, surtout à chair rouge, orangée et jaune, et les herbes aromatiques.

Notons, une fois encore, que la supplémentation en vitamines A, C et E de synthèse peut se révéler parfaitement nocive, notamment par les surdosages qu'elle risque d'entraîner : un excès d'antioxydants peut provoquer l'effet contraire et accélérer la production des radicaux libres.

Alimentation et états d'âme

Pouvons-nous améliorer notre psychisme, nos humeurs, nos états d'âme en agissant sur notre côlon et nos intestins ? Je réponds oui. En hygiène virale on en arrive toujours à la même conclusion : manger et boire sainement, respirer et favoriser l'élimination, en particulier par l'activité physique, a forcément une action bienfaisante sur notre état d'esprit et notre caractère. Le système nerveux entérique agit bel et bien sur notre premier cerveau. Bien se nourrir est bon non seulement pour notre santé mais aussi pour notre moral. Il est d'autant plus inadmissible d'adopter des comportements alimentaires aberrants. Alors qu'il est relativement facile de se nourrir à la fois sainement et agréablement.

Mon code du bien-manger

Il y a ce qu'on mange et la façon dont on le mange. Avant d'aborder les aliments qui font du bien et ceux qui font du mal, rappelons les quelques règles du savoir-manger.

• *Bannissez les régimes :* en vous privant vous aggraverez vos maux, et, de toute façon, aucun régime n'étant éternel, vous reprendrez les kilos perdus avec, en prime, quelques désordres fonctionnels supplémentaires, une déprime et pas mal de frustrations.

• *Mangez lentement :* manger trop vite, avaler plutôt que mâcher, conduit inévitablement à engorger le système digestif qui ne profite plus des éléments nobles de l'alimentation. Cela perturbe l'ensemble du processus d'assimilation, fatigue le cœur et fait grossir.

• *Mangez à des heures régulières,* et aux heures qui vous conviennent : chacun a son horloge biologique, respectez la vôtre.

• *Mangez ce que vous aimez,* ne mangez pas ce que vous n'aimez pas. Vous serez sûr ainsi de manger détendu, dans le calme, en y prenant plaisir, ce qui est la condition essentielle d'une bonne assimilation.

• *Variez votre alimentation,* il est clair que si vous mangez toujours la même chose, fût-ce une viande blanche, vous souffrirez de carences irréversibles.

• *Évitez les compléments alimentaires* et les vitamines qu'on trouve en pharmacie ou en parapharmacie, ils ne combleront pas vos déficits. Jusqu'à preuve du contraire, personne n'a prouvé qu'ils avaient un effet quelconque. Il semble même qu'à partir d'un certain âge ils ne sont plus assimilés par l'organisme et ne procurent aucun des bienfaits qu'ils promettent. En revanche ils favorisent l'apparition de plaques de cellulite sur le foie et les reins.

C'est tout ? Presque. Mais puisque 95 % de nos concitoyens continuent à se nourrir comme s'ils voulaient à tout prix se faire du mal, je n'hésiterai pas à répéter inlassablement ces quelques conseils si simples à respecter.

On ne mange pas seulement pour calmer sa faim

La nourriture que nous absorbons nourrit nos cellules, fait vivre tous les circuits complexes qui vont de notre ventre à notre cerveau, et, si on se nourrit mal, les conséquences sont autrement importantes qu'une prise de poids ou quelques boutons sur le visage.

On a dit tout et n'importe quoi sur les aliments, le régime crétois qui fabrique des centenaires, l'huile d'olive qui fait une belle peau, le lait qui fait dormir et même le vin qui protège le cœur... À chacun ses croyances, mais, à trop croire aux miracles, on oublie la réalité qui est à la fois plus simple et plus prosaïque.

Aux quelques conseils donnés plus haut, et dont vous admettrez qu'ils ne devraient pas peser sur votre mode de vie quel qu'il soit, passons aux choses dangereuses, aux cocktails détonants, aux habitudes déplorables et aux poisons qui ne vous laisseront aucune chance de soigner votre ventre si vous n'y renoncez pas.

Attention, poisons

Supprimez définitivement : le tabac

Aucune substance n'accélère plus le processus du vieillissement en raison de la concentration de radicaux libres qu'il contient. En les inhalant, vous perdez en moyenne huit ans d'espérance de vie ! En outre, le tabac détruit les vitamines.

Fumer, on le sait, modifie les comportements alimentaires, perturbe l'appétit et altère le goût.

Dangereux pour le système nerveux et les systèmes respiratoire et cardio-vasculaire, le tabac provoque des maladies graves : cancers, maladies respiratoires...

N'oublions pas enfin qu'il est dangereux non seulement pour le fumeur mais pour ceux qui l'entourent. Ces derniers absorbent autant de radicaux libres que lui ! C'est un manque d'amour que de fumer près de ses enfants, et un manque de civisme que d'empoisonner les autres. On devrait supprimer aux grands fumeurs le droit à la Sécurité sociale, cette mesure serait sans doute plus efficace que des interdictions rarement respectées.

Buvez avec modération : les alcools

Ne supprimez pas totalement l'alcool : la prohibition a créé plus d'alcooliques qu'elle n'en a guéris, mais usez-en, comme on dit, « avec modération ». Les alcools sont des excitants majeurs, qui peuvent agresser votre organisme et perturber la communication entre ventre et cerveau. Ils dénaturent les besoins alimentaires naturels, détruisent les vitamines et les sels minéraux, font grossir ou maigrir inconsidérément.

Chacun doit apprendre à connaître sa sensibilité personnelle, savoir quand un petit verre d'alcool lui met du baume au cœur et quand il l'enivre ou le rend malade. Tenez compte aussi des pathologies qui font mauvais ménage avec l'alcool : diabète, fragilité hépato-biliaire et bilio-pancréatique, angoisse, nervosité, hyperémotivité, sans oublier les médicaments, avec lesquels il est toujours déconseillé de boire de l'alcool.

N'en abusez pas : les sucres rapides

La tolérance aux sucres rapides (glucose) diminue avec l'âge. Une alimentation trop riche en sucres (bonbons, gâteaux, confiture, viennoiseries, sans compter les innombrables aliments et boissons enrichis en sucres) provoquent des pics de glucose dans le sang (hyperglycémie). Obligé d'augmenter sa production d'insuline, le pancréas fatigué fonctionnera moins bien, et ce dysfonctionnement risque d'entraîner un encrassement des artères, donc des maladies cardio-vasculaires, un diabète ou une obésité.

Évitez : les acides gras saturés

Très caloriques, les aliments riches en acides gras saturés font grossir, et, si on en abuse, font courir des risques d'encrassement à vos vaisseaux, et par voie de conséquence à votre cœur.

On les trouve essentiellement dans les graisses d'origine animale : charcuteries (rillettes, pâtés), fromages fermentés, margarines, crème fraîche, huiles végétales raffinées. Leurs effets sont aggravés par la cuisson : attention au beurre cuit et aux fritures.

Seule exception : le foie gras, car la graisse d'oie ou de canard est bonne pour la santé.

En tout état de cause, préférez les charcuteries crues et non fumées (saucisson, jambon cru, salami) ; les huiles vierges d'origine végétale : huile de noix, d'olive, de colza...

Un peu mais pas trop : le sel

De nombreux aliments courants contiennent du sel : le pain, les conserves, les surgelés, les plats préparés, les eaux minérales...

Salez normalement la cuisine, ne rajoutez pas systématiquement du sel dans l'eau de cuisson et sur tous vos plats, d'autant qu'il peut facilement être remplacé par des aromates. Un excès de sel provoque des accidents cardio-vasculaires. En prendre raisonnablement, c'est protéger son cœur.

Écoutez votre instinct

Écoutez-vous et laissez votre instinct vous guider. Si trop d'alcool vous fait tourner la tête, si trop de gras vous barbouille l'intestin, vous savez bien, au fond de vous, qu'ils ne vous font pas de bien et que vous avez dépassé la dose. Votre dose, car personne n'est la copie conforme de son voisin.

En revanche, vos sécrétions gastriques, votre foie, vos intestins, vos reins iront bien si vous mangez sainement, juste ce qu'il vous faut mais tout ce qu'il vous faut. Sans stress inutile : un excès corrigé le lendemain s'oublie. Comme toujours, c'est la démesure qui provoque les troubles fonctionnels, qui eux-mêmes vous fragilisent, et finalement provoquent les maladies. Votre santé ne dépend que de vous.

Les faux amis

On a longtemps prôné certains aliments, au point que tout le monde est aujourd'hui persuadé qu'ils sont bons pour la santé. Ils le sont, mais certains ont à leur égard une sensibilité particulière et réagissent mal, sans jamais leur attribuer les manifestations dont ils sont responsables. Ce qui, évidemment, les rend encore plus dangereux.

Le lait et les laitages

De nombreuses personnes sont, sans le savoir, sensibles au lait et aux produits laitiers : fromages, yaourts, beurre, crèmes desserts, crème fraîche... qui provoquent chez eux des intolérances dues à une mauvaise assimilation du lactose :

• des flatulences, des spasmes, des ballonnements ;
• des réactions cutanées parfois importantes : boutons sur le visage ou sur le dos, acné, psoriasis, eczéma ;
• des rhinopharyngites à répétition.

À proscrire en cas d'hypersensibilité : le lait de vache, et d'ailleurs tous les laits d'origine animale. Il faut revenir sur la théorie rousseauiste de l'infinie bonté de la nature. Tout ce qui est naturel, et en particulier le lait de vache, n'est pas nécessairement bon pour la santé.

N'hésitez pas à supprimer, au moins pendant deux mois, tous les produits laitiers. Les effets de cette cure se feront sentir très rapidement : on constate, par exemple, que les boutons d'acné s'assèchent et que les phénomènes inflammatoires s'estompent en quelques jours. Après quelques semaines d'abstention, vous pourrez réintroduire très progressivement ces produits dans votre alimentation. Si les symptômes réapparaissent, supprimez-les définitivement.

Une des raisons du succès des produits laitiers est leur réputation de forte teneur en calcium. Cette teneur est réelle, par exemple pour le lait de vache, à ceci près que seule une toute petite partie de ce calcium est absorbée par l'intestin. La terre en revanche est riche en calcium et celui-ci est fourni en quantité largement suffisante par les fruits et les légumes. N'oublions pas qu'une surdose de calcium est particulièrement nocive. Il est donc aussi inutile et dangereux d'en absorber en comprimés que de se nourrir exclusivement de yaourts.

Les céréales

Le blé, le maïs, l'orge, le seigle, qui servent à confectionner la farine, font partie des bases de notre alimentation. Mais l'appauvrissement des sols et les techniques modernes de rendement ont considérablement modifié leurs propriétés nutritives. Ces nutriments subissent par ailleurs de nombreuses transformations (raffinage, addition de conservateurs, de colorants, de stabilisants, enrobages trop riches en sucre, miel, caramel, chocolat...) si bien que les aliments qui en contiennent deviennent particulièrement caloriques et grossissants. Ils provoquent aussi des allergies au gluten et de nombreuses intolérances digestives (ballonnements, constipation, problèmes cutanés, allergies...).

Supprimez :

• les viennoiseries, croissants et autres brioches ;

• les biscuits, les quiches et toutes les préparations à base de farine de blé ou de maïs.

Méfiez-vous :

• des biscottes, du pain complet, des pizzas, en particulier si vous avez le ventre sensible.

Les amis

Les sucres lents

Notre alimentation doit comporter des glucides. Choisissez les sucres lents à index glycémique moyen ou bas qui sont les meilleurs pour le ventre et pour le cœur : pommes de terre nouvelles, semoule de couscous, lentilles, petits pois, bananes, pommes, pêches, ananas, pruneaux...

Mention spéciale : le riz blanc qui n'est jamais nocif (attention au riz complet lourd à digérer) et le sarrasin.

Les oméga 3 naturels

Ces acides gras insaturés ou poly-insaturés sont de bons lipides qui vous fourniront les graisses dont vous avez besoin et seront parfaitement assimilés. On les trouve dans les poissons gras (thon, sardine, maquereau, anchois, saumon, hareng), la viande de volailles élevées en plein air, les légumes verts (pourpier, mâche, cresson), les huiles végétales (noix, olive, colza), les noix, les noisettes, les amandes, les pruneaux.

Entre le cru et le trop cuit

Certains aliments sont bons pour notre santé et parfaitement assimilés par nos intestins, comme les fruits, les légumes, le riz... D'autres peuvent être bénéfiques ou nocifs selon la façon dont nous les accommodons.

Choisissez des aliments frais et naturels si vous le pouvez, et le moins possible de produits préemballés ou préépluchés. En revanche, n'éliminez pas les surgelés qui préservent toutes les qualités nutritionnelles des aliments.

Le grand nutritionniste Jean Seignalet préconisait de manger cru, à l'instar des hommes préhistoriques. Sans aller jusque-là, mieux vaut ne pas faire trop cuire les aliments, qui alors perdent leur valeur diététique. Au-dessus de 110 °C, les vitamines sont détruites. Choisissez donc le cru ou les cuissons *al dente*, les légumes croquants, la viande rouge et les poissons à la vapeur.

• *La viande* sera meilleure si elle est consommée saignante. Contrairement aux idées reçues, la viande crue (tartare, carpaccio) est tout à fait conseillée si elle est fraîche et de bonne qualité.

• *Les œufs* seront consommés de préférence à la coque, pochés ou en omelette baveuse. L'œuf dur est lourd à digérer.

• *Le poisson* cru (s'il est parfaitement frais) est excellent pour ceux qui l'aiment et les Japonais accommodent à merveille sushi et sashimi. Quant au poisson cuit, il est préférable de le cuisiner à la vapeur, ou au four en papillote.

• *Les crustacés*, les huîtres, les coquillages sont excellents pour la santé.

• *Les fruits, les crudités, les herbes aromatiques* restent évidemment les meilleurs amis de nos intestins pour leurs vertus antioxydantes, à condition de les manger en petite quantité et de les préparer au dernier moment (tranchés, râpés, émincés à l'avance, ils s'oxydent).

• *Les légumes* cuits dans un petit volume d'eau ou à la vapeur, à manger croquants, conservent leurs vitamines.

• *Le miel ou la gelée royale* que vous prendrez de temps en temps en dehors des repas et laisserez fondre sous la langue, comme un oligoélément. C'est un excellent anti-fatigue.

• *Faites une petite exception pour le vin* qui, bien qu'il soit un alcool, possède quelques bienfaisantes vertus. Il contient en effet de l'acide acétylsalicylique qui fluidifie le sang, ce qui lui confère un rôle dans la prévention des accidents vasculaires, et des flavinoïdes qui sont des « piégeurs » de radicaux libres. Je vous conseille un verre au milieu du repas.

Ma journée santé-jeunesse

Le petit déjeuner vitalité

Ne zappez pas le petit déjeuner. Évitez le simple café ou thé avalé en vitesse sur un coin de table, le départ en coup de vent le ventre vide, prenez le temps d'un petit déjeuner douceur, calmement, que vous soyez seul ou en compagnie de votre famille. C'est le moment nutritionnel le plus important de votre journée, ne le gâchez pas.

Un conseil : signez la veille les bulletins de notes calamiteux, repoussez les sujets de dispute à plus tard et attendez un quart d'heure pour allumer votre portable.

C'est le petit déjeuner qui règle pour toute la journée notre horloge biologique alimentaire. Ratez-le, et les coups de pompe ne vous rateront pas : votre organisme vous rappellera sans crier gare qu'il est en carence.

Autres inconvénients classiques de mauvais petits déjeuners : prise de poids, fatigue, manque de concentration, maux de ventre, constipation, irritabilité et anxiété.

Le contenu de votre petit déjeuner dépendra de la nature de votre activité (manuelle, sédentaire...), mais voici quelques règles de base qu'il ne tiendra qu'à vous d'adapter à votre situation personnelle, votre âge et vos conditions de vie.

Au lever, réveillez doucement votre système neurovégétatif par trois ou quatre mouvements d'étirement, cinq exercices de respiration. Il s'agit ni plus ni moins de retrouver les bons vieux bâillements et étirements qu'on ne voit plus qu'au cinéma quand la vedette est censée s'éveiller après une bonne nuit de sommeil. Il est des bonnes habitudes qu'il faut savoir acquérir.

Prenez une douche, alternativement tiède et froide. Terminez par le froid.

Commencez par un aliment solide pour tapisser la paroi de votre estomac. Mes enfants, mes patients commencent la journée en mangeant une banane écrasée. La banane parce que c'est un concentré de vitamines, un fruit alcalin dépourvu de toute acidité, plus nutritif et plus riche en sucres lents que le pain. Elle ne provoque aucune acidité, contrairement aux jus de fruits, même frais.

Le riz est un excellent starter au petit déjeuner : il régularise votre taux d'insuline pendant toute la journée.

Si vous tenez à vos tartines et si vous supportez le pain, prenez-en de temps en temps (un jour sur trois) en les variant. Le pain complet, souvent trop cuit, est plus indigeste.

Évitez si possible la confiture, même faite maison, trop riche en sucres rapides, néfaste pour les voies hépato-biliaires et bilio-pancréatiques, et absolument déconseillée en cas de diabète, de prise de poids, de fatigue.

Mangez des protéines : œufs à la coque ou en omelette, poisson mariné aux herbes : basilic, ciboulette, persil, coriandre, un peu d'ail ou d'oignon... sont excellents pour désinfecter les intestins et favoriser la circulation sanguine ; sardines ou anchois à l'huile d'olive ou de colza contiennent de nombreux oméga 3 naturels (deux abricots secs, trois amandes, noix ou noisettes, ou quelques pruneaux vous en apporteront aussi) ; viande crue (carpaccio de bœuf assaisonné d'herbes, jambon maigre) ; un morceau de fromage (de chèvre de préférence).

Mangez des fruits frais entiers et jamais en conserve.

Comme boisson, essayez ma tisane énergétique naturelle : 1/3 thym, 1/3 romarin, 1/3 sauge, excellente pour la circulation sanguine et les maux de ventre.

Pour les accros au café, choisissez plutôt la chicorée : elle ne vous fera aucun mal. Et faites-vous plaisir de temps en temps avec une tasse de thé ou de vrai café, prise à la fin de votre petit déjeuner.

Méfiez-vous des jus d'oranges en pack, ils contiennent toujours trop de sucre et des conservateurs.

Composez chaque matin votre menu en puisant dans cette carte pour varier chaque jour. Au réveil, votre organisme doit reprendre des forces, il a besoin de vitamines, et le système neurovégétatif doit être remis en route. En faisant de votre petit déjeuner un vrai repas, vous en tirerez l'énergie dont vous aurez besoin tout au long de la journée.

Le déjeuner énergie

Aucun repas n'est, plus que le déjeuner, dépendant de nos conditions de vie. Il vous faut donc adapter le vôtre à vos horaires et à l'endroit dans lequel vous êtes. En réalité, deux cas dominent nos habitudes en la matière : il y a ceux qui sont pressés, et ceux qui le sont moins.

Pour les gens pressés

Que vous déjeuniez au restaurant ou à la cantine, votre temps est compté. Vous devez manger lentement sans vous presser. Un conseil : prenez le plat du jour, il est généralement servi plus vite que les autres. Il présente en outre l'avantage d'être chaud, presque toujours accompagné de légumes ou de sucres lents, pommes de terre, riz ou pâtes. Et en vingt minutes, vous pourrez le savourer sans augmenter votre stress.

En dessert, prenez un fruit.

Pour ceux qui ont le temps

Vous avez peut-être la chance de pouvoir déjeuner chez vous ou au restaurant, calmement, sans vous sentir pressé par le temps.

Vous pouvez alors composer un vrai repas : entrée, plat et légumes, dessert.

Un conseil : rapprochez-vous de la nourriture asiatique. Poisson, poulet, légumes et riz composeront un menu diététique.

Si vous adorez le fromage, ayez la sagesse de ne pas en manger tous les jours et de le consommer en petites portions : il alourdit la digestion et fait grossir.

Terminez par un fruit frais de saison.

Buvez un verre à un verre et demi de vin, et, en fin de repas, une tasse de café ou de thé si vous en avez envie, bien que je préfère vous recommander une tisane ou une infusion de chicorée.

Le goûter détente

Un petit creux, un coup de fatigue, un stress imprévu ? N'hésitez pas, faites-vous plaisir : un bon goûter vous permettra de rester concentré jusqu'à l'heure du dîner et vous évitera le petit verre d'alcool de 18 heures. Prenez un morceau de pain et un carré de chocolat noir, c'est, depuis toujours, le meilleur des goûters.

Vous pouvez aussi prendre un ou deux fruits de saison, accompagnés ou non d'un yaourt, d'un morceau de pain ou d'une banane, fruit qui se digère lentement et vous redonnera de la force.

Le dîner douceur

Faites de votre dîner un moment de calme et de plaisir.

Si vous êtes fatigué

Avant de vous précipiter sur l'apéritif, buvez un ou deux grands verres d'eau, prenez une douche alternativement tiède et froide, et faites, assis ou couché, quelques minutes de respiration. Vous pourrez alors passer à table détendu en oubliant les soucis et les contrariétés de la journée.

Si vous êtes en pleine forme

Mettez le couvert et confectionnez un bon petit plat.

Plaisantez un peu, renoncez à vous plaindre des mille et un problèmes qui ont sûrement jalonné votre journée, relativisez.

Même détendu, ne mangez pas affalé dans le canapé ou sur votre lit. Mangez à table, en vous tenant droit, ce qui vous évitera les maux d'estomac, libérera vos voies hépato-biliaires et bilio-pancréatiques, et favorisera votre digestion.

Dînez tôt

• *Évitez* les farines blanches, la viande rouge en trop grande quantité, les plats en sauce ou trop épicés.

• *Ne buvez pas trop* et ne mélangez pas les alcools.

• *Évitez* les trop grosses portions de fromage et les desserts trop sucrés.

Si vous dînez seul(e), soyez relativement frugal(e).

Rappelez-vous le meilleur des adages : « Petit déjeuner de roi, déjeuner de prince, dîner de gueux. » Il vaut mille traités de diététique.

En dînant tard vous déréglez votre horloge biologique. Vous risquez de prendre du poids et d'accentuer votre fatigue.

Un dîner trop riche ou trop gras provoque un excès de fermentation intestinale qui fera monter votre température, jusqu'à vous réveiller parfois en sueur au milieu de la nuit. En ce cas, prenez une douche alternativement tiède et froide : vous vous rendormirez et éviterez la gueule de bois du lendemain matin et la fatigue de la journée qui suivra.

Les amis de votre sommeil

Certains aliments favorisent le sommeil, notamment le poisson, le poulet, le riz, les pâtes, les légumes, les salades, les fruits frais pris en dessert, ou, pour ceux qui les supportent, un morceau de fromage de chèvre ou un yaourt.

Un cerveau jeune pour toute la vie

Le ventre commande aussi la tête.

En respirant non seulement avec ses poumons mais avec son ventre, en sollicitant toute sa concentration, on se régénère, ce qui implique que l'esprit, lui aussi, va mieux.

Notre cerveau est une tour de contrôle. Il reçoit des informations et les traduit : en ordres quand notre intelligence analyse une situation pour que nous puissions nous y adapter ; en sentiments et en émotions, positifs ou négatifs selon les circonstances, et surtout en fonction du taux de neurotransmetteurs sécrétés par notre organisme.

Mais le vieillissement n'est pas seulement le résultat de ce qui nous arrive. Il est dans l'ordre des choses, ou, plus exactement, de la nature humaine. À ceci près que tout le monde ne vieillit pas de la même manière ni au même rythme. Il n'y a pas de « lot commun » à tous les individus. Avoir un ventre en bonne santé est la condition nécessaire pour que notre cerveau reste jeune et soit en possession de toutes ses facultés. Ce n'est pas une condition suffisante pour que notre intelligence, notre esprit, notre mémoire s'exercent au maximum de leurs capacités.

Comme notre ventre, notre cerveau a besoin de soins pour garder sa jeunesse. Et la jeunesse d'esprit n'est-elle pas ce que chacun d'entre nous souhaite conserver tout au long de sa vie ?

Entre ceux dont on dit, avec un rien de commisération et un air charitable : « C'est normal, à son âge... », et les autres, devant lesquels on s'exclame : « Incroyable, je n'aurais jamais cru qu'il (ou elle) avait cet âge-là ! », la différence est loin d'être seulement physique. Elle tient tout autant, sinon plus, à une façon d'être, à une lueur dans l'œil, un éclat de rire, une manière de s'intéresser aux autres et au monde qui nous entoure, de faire des projets... d'être vivant en somme ! Or la vitalité, cette « force vitale » dont on pare la jeunesse, ne nous abandonne pas quand nous prenons de l'âge. C'est nous qui l'oublions. Qui mettons littéralement aux oubliettes nos rêves, nos espoirs, nos enthousiasmes, et perdons notre allant.

Lorsque Balzac parle d'une vieille femme, elle a... 30 ans ! Nos grand-mères s'habillaient de gris à 50 ans et devenaient, leurs enfants élevés, des mamies consentantes. La nature humaine a-t-elle changé à ce point en deux ou trois générations ? Évidemment non. Aidées par les fantastiques progrès de la médecine, ce sont les mœurs qui ont évolué. Entre jeunesse et vieillesse, la différence, c'est le renoncement. La jeunesse est une course de fond, la vieillesse est un abandon, une sorte de lâcheté. Vieillir, c'est se soumettre à une fatalité qui est, à bien des égards, plus sociale que biologique.

Je ne parle pas ici, évidemment, du corps mais de l'esprit. Un esprit, qui pourtant, objectivement, scientifiquement, ne vieillit jamais. Notre cerveau, s'il n'est pas atteint par une maladie ou un accident vasculaire, garde indéfiniment son intégrité. Mais, comme un muscle, si nous le laissons reposer, si nous ne le sollicitons pas, il s'endort. Notre mémoire ne faillit pas. Cependant si nous ne nous intéressons plus à rien, que pourrait-elle bien retenir ?

Rita Levi Montalcini, italienne et neurobiologiste, a reçu le prix Nobel à 70 ans pour sa découverte de la protéine NGF, responsable du développement des fibres nerveuses du cerveau, les neurones. Signe du destin : ses recherches portaient justement sur la théorie de la fuite présumée de ces neurones. Une fuite qu'elle contestait avec force et qu'elle a définitivement battue en brèche. On pourrait citer bien d'autres vieillards créatifs et productifs à un âge où, soi-disant, nos forces intellectuelles déclinent inexorablement. Galilée comprit le système solaire à 70 ans, Michel-Ange peignait le plafond de la chapelle Sixtine à presque 80 ans... Des génies ? Sûrement. Des surhommes ? Certainement pas. Lorsqu'on est en bonne santé, on ne perd le goût de vivre que si on le veut bien. L'âge ne nous prend pas par surprise : d'anniversaire en anniversaire, le nombre des bougies s'accroît sur le gâteau. On peut accepter l'inéluctable ou s'y préparer, se refermer sur soi ou s'ouvrir aux autres, s'intéresser à rien ou à tout, vivre sa retraite comme une liberté retrouvée ou un ennui profond, penser que tout est un souci ou que rien, sauf une maladie très grave et invalidante, n'est irréparable.

La vieillesse est souvent le résultat du laisser-aller. Une défaite. Les penseurs, les philosophes, les artistes, ont-ils un âge ? La pensée est-elle « jeune » ou « vieille » ? La foi pour ceux qui croient, la spiritualité, l'engagement, l'ouverture aux autres sont-ils une affaire d'âge ? L'optimisme, l'amour de la vie, les projets, l'enthousiasme sont-ils l'apanage des seuls jeunes gens ? Non, et moins encore aujourd'hui qu'hier. On peut apprendre le piano à 50 ans, se marier par amour à 60, partir au bout du monde à 70, refuser d'entrer dans une maison de retraite à 80...

Contrairement aux idées reçues, le cerveau ne se « ramollit » pas avec l'âge. À condition de l'avoir correctement oxygéné, nourri, entretenu, exercé tout au long de sa vie.

Le ventre est aussi la source de la jeunesse de l'esprit

Comme un muscle, le cerveau peut être tonique ou mou, réactif ou lent. Nos humeurs peuvent être, en conséquence, joyeuses ou tristes, nos comportements équilibrés ou inadaptés, notre moral au beau fixe ou « dans nos chaussettes ».

Sans oxygène, le cerveau étouffe. Si on ne respecte pas ses rythmes, il s'embrouille. Et du coup tout s'embrouille, car ses dysfonctionnements se traduisent en émotions mal contrôlées et exacerbées, en réactivité amoindrie, ou excessive, en tristesse, timidité, déprime... Notre cerveau est un fantastique tableau de bord. En permanence relié à notre ventre, il décode ses messages. N'oublions pas que le ventre adresse beaucoup plus de messages au cerveau que le cerveau ne lui en envoie. De nos goûts à nos émotions, des milliers d'informations parviennent ainsi au cerveau qui les analyse et les traduit en comportements, attitudes, sentiments...

Le cerveau est aussi un tableau de commandes dont les ordres doivent être à la fois justifiés et clairs. Il nous faut donc comprendre ses signaux, l'entretenir, le nourrir, le soigner comme un champion, à cette importante nuance près : il n'y a pas d'échéance, pas de compétition après laquelle on peut se reposer sur ses lauriers.

La jeunesse est une course de fond qui dure toute la vie.

Ma méthode : la « psychothérapie manuelle »

Les automassages du ventre, dont nous avons appris les règles dans le chapitre précédent, ne sont pas des actes purement mécaniques. L'instinct et l'intelligence y participent ensemble. Les mains ressentent, mais le cerveau commande. Sous des automassages profonds, le ventre réagit et le cerveau décrypte ses messages. Au fur et à mesure que les massages produisent des effets bénéfiques, les organes et les glandes en hypo ou en hyperfonction se régularisent, fonctionnent mieux, le plexus solaire se dénoue, le foie se décongestionne, l'énergie vitale remonte, la fatigue s'estompe, le bien-être s'installe. Délivré du stress, le cerveau se détend et on observe inévitablement que la parole se libère, les souvenirs et les émotions remontent, l'inconscient refait surface.

« J'ai eu des flashes terribles... » « Je me suis mise à pleurer... » « Je me suis remémoré des scènes de mon enfance que je croyais avoir à jamais chassées de ma mémoire... » « J'ai revécu un traumatisme ancien, un accident pourtant oublié depuis longtemps... » Des témoignages comme ceux-ci sont légion. Pourtant, certains de mes patients suivaient ou avaient suivi une psychanalyse sans jamais parvenir au même degré de conscience et de connaissance d'eux-mêmes. L'écoute seule ne libère pas la parole. Tout comme une thérapie manuelle seule ne suffit pas à nous donner santé et jeunesse.

La psychanalyse n'est pas le bonheur

Les psys sont des miroirs qui ne nous renvoient qu'une image tronquée. Une image plate en deux dimensions. La psychanalyse peut remonter dans le temps – à condition de prendre le sien puisqu'une analyse dure souvent plusieurs années ! Elle peut entrouvrir l'inconscient, révéler les nœuds et les tensions de l'âme, elle ne sait pas guérir. Elle ne cherche d'ailleurs pas à le faire et le bonheur ne fait pas partie de son vocabulaire. Elle est un outil de connaissance de soi. Mais la connaissance seule est souvent stérile. Aujourd'hui, la France est pratiquement le seul pays au monde où la psychanalyse garde son aura. Aux États-Unis, le *Times* annonçait qu'en 2003 il ne restait que cinq mille patients à s'allonger sur le divan. La longueur des thérapies, leur coût : quarante à soixante euros une fois par semaine dans le meilleur des cas, le silence de l'analyste et la solitude de l'analysé ont fini par faire peur à beaucoup. Et on constate aujourd'hui un net retour en grâce des thérapies comportementales et cognitives, c'est-à-dire les thérapies qui cherchent à apporter une solution à un problème posé. Exemple : si vous êtes timide, on vous apprendra à parler en public, et si vous avez la phobie des oiseaux, vous finirez par les prendre dans le creux de la main et les caresser. Ces thérapies sont efficaces. Seul bémol : elles résolvent un problème précis et ne peuvent généralement répondre aux difficultés plus globales qui sont aussi les plus répandues. Mal-être, déprime, pathologies fonctionnelles.

Pourtant, la psychanalyse risque, si les vérités qu'elle met au jour sont trop insupportables, de provoquer des désordres physiques tout aussi importants : maladies, douleurs, épuisement et vieillissement prématuré. Comprendre ne suffit pas pour guérir et une grande douleur trouve toujours à s'exprimer par une grande souffrance, du corps ou de l'esprit. Bien des analysés parlent de leurs frustrations, de leur sentiment d'être « coupés en deux » lors d'une thérapie qui ne s'intéresse jamais à leur corps, mais au contraire le gomme. Comme si l'individu se résumait à son cerveau. Mais la plupart ne font pas la relation entre leurs malaises physiques et leur mal-être. Après l'éprouvant travail sur soi-même que représente une psychanalyse, après avoir accepté de se trouver face à son histoire, à ses échecs, à ses manques et réussi à s'accepter, on pense qu'on a gagné chèrement sa victoire.

On va mieux puisqu'on se sent plus adapté, capable de vivre « normalement » et de gérer ses stress. Mais, souvent, le corps réagit différemment. Je me souviens d'un très grand psychiatre, aujourd'hui disparu, qui me disait : « Bien sûr, je peux guérir quelqu'un d'une névrose, ou d'une phobie, mais une fois "guéri", lorsque les symptômes de sa pathologie auront disparu, il souffrira de maux de dos ou de ventre, d'eczéma, ou de n'importe quoi d'autre : il aura remplacé une douleur morale par une douleur physique. »

Toute méthode qui vise à guérir doit être globale

Pour comprendre la somatisation, les correspondances incessantes et profondes entre l'esprit et le corps, il faut aussi admettre les liens entre le cerveau et le ventre. Je les ai compris à force de constater qu'en soignant le ventre de mes patients j'obtenais les résultats que recherchent les psychanalystes et les psychothérapeutes. J'ai admis ce que les psys commencent à peine à envisager : qu'un être humain existe dans sa totalité et que toute méthode qui vise à guérir ne peut être que globale, s'intéresser à la fois au corps et à l'esprit, au ventre et au cerveau, et autant à l'un qu'à l'autre.

Elle doit aussi traiter ventre et cerveau simultanément, ce qui implique que thérapeute manuel et psychothérapeute travaillent en parfaite harmonie. Les massages libèrent l'inconscient, l'écoute aide la parole à se libérer plus encore, et seule cette alliance des soins du corps et de l'esprit peut rendre à l'individu l'énergie vitale et mentale de se prendre en charge pour agir et devenir l'acteur de sa propre santé. Aujourd'hui, psys et thérapeutes manuels s'ignorent superbement. Les premiers méprisent les seconds, qui eux-mêmes estiment que les problèmes psy ne sont pas de leur ressort. Malgré les oppositions, il faudra un jour accepter de prendre en compte en même temps le corps et la tête, la personne et sa personnalité pour obtenir des résultats. Psys et thérapeutes manuels sont comme des passeurs, indispensables pour accomplir le bout de chemin qui va de la maladie à la santé, de la dépression au goût de vivre, du mal-être au bien-être. Ils deviennent inutiles lorsque leur patient a retrouvé tous ses moyens et sa capacité à adopter les règles de vie qui assureront la pérennité de sa guérison.

J'ai dû affronter ce dilemme : comment ne pas faire du mal en faisant du bien ?

Comment canaliser cet afflux de paroles et d'émotions ?

Comment faire que mes patients en tirent une force nouvelle et non un affaiblissement de tout leur être ?

La seule réponse valable est dans une méthode globale qui soigne le ventre pour libérer l'esprit et contrôle ses effets par la respiration.

Un bon thérapeute doit avoir le courage de se regarder en face. Son devoir est d'aller toujours plus loin, de faire toujours mieux. Il ne doit pas se contenter de soulager la douleur physique exprimée par son patient. Il doit rendre à son patient sa force vitale, sa joie de vivre, et la confiance en soi sans laquelle aucune guérison ne peut être durable. C'est l'alliance du bien-être retrouvé et de la confiance en soi qui lui donnera l'énergie de ne pas renoncer, de ne pas s'abandonner au vieillissement.

C'est cette méthode que j'ai appelée la « psychothérapie manuelle ». Peu importe que certains la décrient : les faciles habitudes, les rassurantes certitudes sont plus confortables que le doute, les interrogations, les remises en question. La science apportera peut-être des preuves au moulin de mon intuition. Elle commence d'ailleurs, et les journaux s'en font de plus en plus souvent l'écho.

Les neurosciences découvrent le dialogue entre l'esprit et le corps

On parle aujourd'hui de psychomédecine, de « ce lien mystérieux, longtemps resté dans l'ombre, qui unit psychisme et organisme » (*Science et Vie*, novembre 2004). Cité par ce même magazine, Michael Irwin, directeur du centre de psycho-neuro-immunologie Norman Cousin à Los Angeles (États-Unis), déclare : « Le dialogue esprit-corps occupe à présent une place essentielle dans la compréhension de l'homme. » On veut comprendre pourquoi, sous hypnose, un opéré ne ressent pas la douleur; pourquoi la méditation transcendantale aide à diminuer l'hypertension, pourquoi si, pendant une quinzaine de minutes par jour, on imagine, sans bouger, qu'on exerce fortement un muscle, ce muscle se développe... On admet que l'esprit exerce un pouvoir sur le corps. Les chamans, les yogis, les marabouts l'avaient compris depuis longtemps lorsqu'ils marchaient sur des clous sans se blesser et sur des flammes sans se brûler. Ce qu'on appelle aujourd'hui les neurosciences finiront par expliquer les mécanismes de la pensée qui agissent sur le cerveau. Et comment nos états de conscience influent sur notre métabolisme. Déjà, la neuro-immunologie fait le lien entre psychisme et défenses immunitaires.

Parmi les maladies du vieillissement, deux sont particulièrement répandues et invalidantes : la maladie de Parkinson et la maladie d'Alzheimer. On a découvert récemment que le système nerveux entérique (ou SNE, c'est-à-dire, nous l'avons vu, le réseau de nerfs et de fibres nerveuses qui entourent l'intestin) de patients atteints de la maladie de Parkinson est lui aussi affecté et qu'on y trouve les mêmes types de lésions tissulaires que dans leur cerveau. De même, les lésions caractéristiques de la maladie d'Alzheimer se trouvent aussi bien dans le SNE que dans le cerveau. Dans ce cas, on peut donc imaginer que la fonction d'assimilation-élimination est aussi touchée que certaines fonctions de l'encéphale. Michael Gershon va plus loin en supposant que la maladie de Parkinson pourrait être éventuellement responsable d'une « démence » cérébrale et entérique. « Et il n'y a pas, ajoute-t-il, de raison d'en être surpris : puisque le système nerveux entérique est un cousin germain du cerveau (dont il est plus proche chimiquement que du reste du système nerveux périphérique), on peut s'attendre à ce que des maladies très variées liées au cerveau mettent également en cause le SNE. »

D'autres témoignages viennent corroborer cette théorie. Selon l'étude du Pr Karoly Horvath, professeur de pédiatrie, de gastro-entérologie pédiatrique et de nutrition à l'université du Maryland (Baltimore, États-Unis), 50 % des enfants autistes présentent des symptômes gastro-intestinaux, 69 % souffrent d'une inflammation de l'œsophage, 76 % montrent une perméabilité intestinale anormale.

Par ailleurs, on possède des témoignages de mères d'enfants autistes expliquant que l'état de leur enfant s'est amélioré après des injections de sécrétine, une hormone de la muqueuse intestinale qui déclenche la sécrétion de bicarbonate de soude et d'enzymes qui facilitent la digestion par le pancréas.

Dans nos sociétés cartésiennes, on admet assez volontiers que l'esprit commande au corps. Mais il faut accepter aussi cette idée : le corps a un pouvoir sur l'esprit. Le ventre est un grand sensible qui perçoit tout plus vite que notre cerveau, et surtout avant lui. « J'ai ressenti une douleur à l'estomac »... « J'ai le ventre noué... » « Ça m'a pris aux tripes... » Nous ressentons physiquement nos émotions et nos stress avant d'en avoir conscience et de les analyser. Mettons un peu de côté nos idées reçues le temps que les progrès de la biologie nous apportent des preuves. Soyons humbles devant les faits qui, comme chacun sait, sont têtus. Les faits prouvent que nous sommes dotés de deux cerveaux qui doivent s'entendre, se comprendre et s'entraider. Si on peut soigner son ventre, on peut aussi soigner son cerveau. Si on peut préserver la jeunesse de son ventre, on peut prolonger indéfiniment celle de son esprit. Et ce n'est guère plus difficile.

Comment garder son cerveau en grande forme

Le cerveau doit respirer pour vivre

Le cerveau consomme 25 % de l'oxygène utilisé par l'organisme au repos. Autant dire que la respiration ne sert pas seulement au corps. De même, la respiration abdominale (voir page suivante) ne sert pas seulement à oxygéner et à régénérer les cellules du corps. Si elle est bien pratiquée, elle nourrit aussi nos neurones, apaise notre esprit, régule nos émotions.

La méthode de respiration que j'ai mise au point agit aussi sur le cerveau. Elle aide à se détendre, à éliminer le stress, juguler les émotions trop fortes, prendre du recul... Mais pour obtenir un tel résultat, elle doit être pratiquée régulièrement, intensément, avec conviction.

Une minute trente par heure

L'inspiration doit durer six à huit secondes, l'expiration huit à dix secondes ou un peu plus. Ces temps n'ont pas été choisis au hasard : il faut passer le palier des cinq secondes pour atteindre,

Comment respirer

L'inspiration Inspirez très doucement et profondément par le nez pendant six à huit secondes, le visage détendu, la langue touchant le palais.

Redressez le dos, allongez la nuque et rentrez légèrement le menton.

Quand l'air pénètre dans les poumons, le ventre doit être détendu et se gonfler naturellement. Sous l'effet de l'inspiration, le diaphragme s'abaisse. C'est ce muscle moteur, situé sous le cœur entre le thorax et l'abdomen, au-dessus des organes digestifs, qui effectue le travail mécanique de la respiration. La cage thoracique bouge à peine.

L'inspiration est la phase positive de la respiration. Le corps s'emplit d'oxygène, donc de souffle vital, d'énergie et d'idées positives. L'imagination se nourrit. L'esprit s'apaise.

Le palier. Après les six à huit secondes d'inspiration, restez en apnée, sans respirer, pendant deux à trois secondes. Cette phase intermédiaire est très importante : le corps est empli d'oxygène et on éprouve une sensation de bien-être d'autant plus intense qu'on a inspiré plus profondément et doucement.

La respiration abdominale, contrairement à la respiration thoracique, est une respiration en profondeur qui vous fait accéder, en provoquant la production d'endorphines, les hormones du bien-être, à des zones nouvelles de votre cerveau.

Pendant le palier, on approche de la méditation.

L'expiration. Expirez doucement, bouche entrouverte, mâchoire relâchée, pendant huit à dix secondes (moins au début, mais un peu d'entraînement vous permettra d'atteindre relativement vite la bonne durée).

Vous devez sentir que le souffle vient de votre bas-ventre.

Si vous êtes dans un lieu public, il peut vous être plus facile d'expirer par le nez. On peut aussi alterner expiration par la bouche et par le nez.

Pendant l'expiration, si vous êtes seul, arrondissez progressivement le dos en laissant la tête tomber sur la poitrine. Laissez les bras ballants de part et d'autre des cuisses. Pour plus d'efficacité, enfoncez vos poings dans le bas-ventre pour vous aider à expirer plus profondément et massez doucement votre ventre.

L'expiration ainsi pratiquée chasse les idées négatives, diminue le stress, les angoisses, les colères. C'est un véritable « décrassage », à la fois mental et physique. Elle favorise l'oxygénation des cellules et les aide à lutter contre les radicaux libres.

Répétez cet exercice cinq fois de suite toutes les heures, du lever au coucher.

Cela ne vous prendra qu'une minute trente par heure. Ce n'est pas grand-chose si l'on sait qu'aucune méthode ne peut obtenir de résultats durables sans une bonne oxygénation des cellules.

Inspiration et expiration pratiquées régulièrement et profondément constituent un formidable massage de tous les systèmes : neurovégétatif, cardio-vasculaire, musculaire et endocrinien.

à l'inspiration, le moment où le système nerveux central peut se déconnecter et libérer des endorphines. Pratiquée trop vite, une respiration profonde n'aboutit qu'à bloquer le diaphragme, ce qui provoque une coupure d'énergie, et donc une fatigue du système que l'on veut au contraire fortifier.

Respirez donc avec lenteur, profondément mais calmement. Les sportifs de haut niveau, qui ont besoin d'une hyperoxygénation se surentraînent pour développer leurs capacités pulmonaires. Ils payent ce surentraînement d'un excès de radicaux libres et d'un vieillissement prématuré. Vous devez atteindre le juste niveau d'oxygénation, celui dont votre corps et votre esprit ont besoin.

Utile à tout âge pour oxygéner à la fois son corps et son cerveau, cette respiration est indispensable après quarante ans, quand le dos a tendance à se voûter, la cage thoracique à se rétrécir et à perdre de l'amplitude, quand la fatigue morale commence à se faire sentir et que le stress se paye en déprime et sautes d'humeur.

Respectez vos rythmes naturels

Si la respiration abdominale doit être pratiquée toutes les heures, c'est pour respecter un rythme naturel qu'on a aujourd'hui trop tendance à négliger.

Il a été largement prouvé qu'au bout de cinquante-cinq minutes d'une activité quelle qu'elle soit, le corps se fatigue et l'attention se relâche. Les enfants à l'école, les routiers, les policiers qui font la circulation, les travailleurs exerçant un métier dangereux, ont impérativement besoin de prendre régulièrement des temps de repos s'ils ne veulent pas avoir un accident. Le code du travail protège les travailleurs et impose aux entreprises des temps de pause. La fatigue des conducteurs de car et des automobilistes, malheureusement insensibles aux conseils de prudence, reste une des premières causes des accidents de la route. Autrefois, les enfants changeaient de classe entre les cours. Toutes les cinquante-cinq minutes, ils avaient une pause, bougeaient, parlaient, et ainsi se relaxaient avant le cours suivant et cinquante-cinq nouvelles minutes de concentration.

J'ai soigné des professeurs, des instituteurs, qui, l'ayant pratiqué et s'étant sentis mieux, ont appliqué ma méthode à leurs élèves en les faisant respirer profondément, coudes sur la table, au début et à la fin des cours. Ils m'ont dit qu'au bout de quelque temps les enfants se montraient plus calmes et obtenaient de meilleurs résultats. J'ai appris que le gouvernement songeait à lancer dans les écoles une campagne sur les bienfaits d'une bonne respiration. Enfin !

Si je prends volontairement cet exemple, c'est pour montrer que ma méthode de respiration est presque un jeu d'enfant. Tout le monde peut la pratiquer, il suffit d'un peu d'entraînement. Et si, au début, vous n'y arrivez pas tout à fait, si vous avez du mal à tenir la durée, ou si vous vous sentez un peu étourdi, vous trouverez très vite le bon rythme.

Il est une autre raison pour laquelle il faut pratiquer cette respiration au moins dix fois par jour : c'est que, moins souvent, ses effets ne seraient pas aussi efficaces. Mais ce qui peut, au début, paraître contraignant, devient très vite spontané et facile. La plupart de mes patients me disent : « Je n'y pense même plus, je le fais naturellement. » Les effets, comme toujours, agissent sur les causes et vice versa. On respire parce qu'on en a besoin, parce qu'on a envie d'aller mieux. Puis on va mieux, et ces petits instants deviennent une seconde nature. Alors, on va encore mieux. La respiration, qui est l'essence même du rajeunissement cellulaire, joue enfin pleinement son rôle.

Il faut respirer comme on prie

Pour être bénéfique, ma technique de respiration ne doit pas être pratiquée n'importe comment. Elle exige de la concentration. Mais elle peut être pratiquée n'importe où. Chez soi, au bureau, et même dans le métro, à condition de s'abstraire de ce qui vous entoure pour penser à ce que l'on fait et en ressentir les effets.

Ceux qui ont la foi comprendront cette image. On n'entre pas dans un lieu de culte comme au supermarché, la prière est un acte intérieur, intime. Il en est de même de ma respiration, assez proche finalement du yoga. Sauf que cette discipline qui nous vient d'Inde exige, pour être pratiquée dans nos pays occidentaux, un environnement privilégié, des lieux silencieux, aérés, propres au recueillement.

La méthode de respiration que j'ai mise au point est moins exigeante. Elle n'a pas besoin de lieux dédiés, d'atmosphères étudiées, de mise en condition. Il suffit de trouver en soi la force intérieure suffisante pour se retrouver quelques minutes par jour.

Il est évident qu'il est plus sage de la pratiquer, au début, dans un lieu le plus calme possible. Avec l'habitude, il devient facile de s'extraire mentalement de son environnement et de trouver en soi la paix, même si elle n'existe pas à l'extérieur. C'est aussi une des preuves que la respiration abdominale est un renfort mental qui aide à parvenir, en toutes circonstances, à une meilleure concentration, cette force de concentration elle-même favorisant l'ouverture de notre espace mental à une dimension supérieure.

Le cerveau a besoin d'activité... physique

Si notre cerveau a besoin d'air, il a aussi besoin de faire du sport. Je veux dire, évidemment, que nous devons faire du sport pour qu'il se porte bien. Car lorsque nous pratiquons une activité physique, notre corps absorbe plus d'oxygène.

Saviez-vous que le sport augmente la production de sérotonine, qui est le neuromessager du bien-être et de la bonne humeur ? Mais attention : tous les sports ne produisent pas les mêmes effets, et trop de sport tue les bienfaits du sport. Les sports en force, les sports pratiqués à outrance et les sports que l'on déteste ne font aucun bien ni au corps ni à l'esprit. Au contraire, il est prouvé qu'un sport pratiqué jusqu'à l'épuisement augmente fortement la production de radicaux libres.

Comme le ventre, le cerveau aime les sports qui nous font plaisir (et augmentent le sien). Les sports d'endurance sont indispensables à quiconque veut garder une bonne santé. Les abdominaux font un lien parfait entre ventre et cerveau. Une condition : ces activités doivent être synchronisées avec la respiration. Un essoufflement, un point de côté, et le cerveau s'affole car le cœur se fatigue, la circulation se fait mal et il s'asphyxie.

Vous voulez rester jeune ? N'épuisez pas votre organisme, et pensez qu'aucune victoire durable ne se gagne en un jour. L'endurance implique durée, régularité et douceur. Trouvez votre rythme, faites-vous plaisir, votre cerveau vous le rendra au centuple.

Le cerveau se nourrit par le ventre

Manger c'est nourrir ses cellules, et il en va de même pour les cinq cents milliards de neurones de notre cerveau. Je ne reviendrai pas sur l'importance d'une alimentation équilibrée, mais sur cette découverte fondamentale dont on n'a pas encore exploré toutes les conséquences : il existe une nutrition du cerveau. Il existe des aliments qui fabriquent du bonheur, de la joie de vivre, de l'optimisme, et d'autres du malheur, du stress, des états dépressifs. La jeunesse du cerveau dépend aussi de notre alimentation.

Les neurotransmetteurs influencent nos goûts

Certains aliments favorisent ou diminuent la production des neurotransmetteurs dont les messages sont traduits par les cellules nerveuses. On connaît les plus importants : sérotonine, dopamine, noradrénaline... Une carence ou l'excès de l'un d'entre eux a des conséquences immédiates qui peuvent aller d'une simple colère à un dérèglement beaucoup plus grave. Les recherches les plus avancées aujourd'hui montrent le rôle de ces neurotransmetteurs dans des pathologies lourdes telles que l'épilepsie et la schizophrénie. L'alimentation n'est évidemment pas une réponse à la maladie mentale. Mais ces messagers influencent au jour le jour à peu près toutes nos attitudes, nos comportements, nos humeurs. Ils jouent même un rôle dans notre façon de nous nourrir puisqu'ils conditionnent nos goûts. La dopamine, par exemple, est responsable de notre attirance pour certains aliments, notre répulsion pour d'autres. Cela explique, entre autres, l'importance de la nourriture plaisir : se forcer à manger des aliments que, spontanément, on déteste aura des effets néfastes sur l'assimilation et sur le cerveau, même si on les a choisis avec soin. C'est d'ailleurs l'un des problèmes de fond posés par les régimes alimentaires trop contraignants. Il existe des centaines d'aliments susceptibles de nous apporter tout ce dont nous avons besoin. Varier sa nourriture n'implique en aucun cas de se brimer. Rappelez-vous qu'on a souvent envie de ce dont on a besoin.

Une étude de l'université de Bristol a montré qu'en supprimant le sucre, la caféine et l'alcool, on obtient, chez 25 % des gens, un accroissement du taux de sérotonine. Et que si on augmente la consommation de légumes, de fruits et de poissons riches en oméga 3,70 % des personnes soumises à ce régime voient leur état mental s'améliorer.

Il existe donc un lien objectif, incontestable, entre notre alimentation et notre cerveau. L'alimentation est le meilleur « bâton de jeunesse » que vous puissiez trouver.

Nos deux cerveaux ont faim en même temps

Premier symptôme du besoin de se nourrir qui conduit à nous alimenter, la faim est une sensation qui naît en même temps dans notre ventre et dans notre cerveau. Chez un individu en bonne santé, la faim apparaît au bon moment, puisqu'elle est rythmée par son horloge biologique en fonction de ses besoins propres. Mais les conditions de vie actuelles font que notre horloge biologique est souvent déréglée, ou tout au moins que nous ne l'entendons plus. Car le besoin de se nourrir est un phénomène naturel, certes, mais fragile et soumis à notre capacité à entendre les signaux qui viennent à la fois de notre premier et de notre second cerveau.

Sans parler des maladies de la nutrition que sont la boulimie et l'anorexie, on sait que la vie dans les villes, les horaires de travail, le manque de temps, la surabondance de nourritures à avaler rapidement quand on a un « petit creux »... font qu'on mange souvent n'importe quoi, n'importe quand, en n'importe quelle quantité. Notre ventre et notre cerveau ont besoin de manger à heure fixe. De très nombreuses expériences ont montré les dégâts sur le métabolisme d'un comportement alimentaire anarchique. Au niveau du cerveau, c'est tout le système de contrôle de la faim qui est perturbé. Il n'est d'ailleurs pas besoin d'études pour se rendre compte par soi-même que plus on mange plus on a faim, et vice versa. Dès qu'on se met en situation de carence (jeûne, régime...) ou d'excès (grignotage, boulimie), on observe une dépendance. La tablette de chocolat mangée le soir devant la télé passera vite du stade de petite gourmandise qu'on s'accorde pour se faire plaisir au stade de « vice » dont on ne pourra plus se passer. Heureusement, notre horloge biologique peut se remettre à l'heure aussi vite qu'elle tombe en panne. Une à deux semaines suffisent généralement pour que tout rentre dans l'ordre si on s'astreint à retrouver des horaires de repas réguliers.

En rétablissant le processus normal de la faim, cette régularité est également le premier facteur de régularisation de la satiété. Lorsqu'on réapprend à manger quand on en a besoin, il est plus facile de manger ce dont on a besoin, c'est-à-dire ni trop ni trop peu.

Les aliments bons pour le ventre sont bons aussi pour le cerveau

Les amis

• Les *sucres lents* (riz, pâtes, pommes de terre, pain, bananes, lentilles, petits pois, fèves, haricots), parce qu'ils augmentent la production de la sérotonine qui régule l'humeur, améliore le contrôle de soi, apporte le calme.

• Les *vitamines,* les *oligoéléments,* les *minéraux* (dans les fruits frais, les légumes, les crudités, les herbes aromatiques). La plupart contiennent des antioxydants, nos meilleurs alliés contre le vieillissement, dont le rôle primordial est de nous protéger contre les radicaux libres. Premiers au hit-parade de la jeunesse du cerveau : les vitamines du groupe B, les vitamines A (bêta-carotène), C et E, le fer, le lithium, le magnésium, le sélénium, le zinc.

• Les *oméga 3 naturels*, que l'on trouve dans les poissons gras (thon, saumon, hareng, anchois, sardines, maquereaux), les huiles de poisson comme l'huile de foie de morue, les huiles végétales de noix, d'olive, de colza, les légumes verts, notamment le pourpier, la mâche, le cresson, les fruits secs comme les amandes, les noix, les noisettes, les pruneaux.

• Le *thym*, le *romarin*, la *sauge*, la *menthe*, à boire en infusion car ils augmentent la vigilance, tout comme la caféine, mais sans les redoutables effets de celle-ci en cas d'excès.

• Le *vin*, parce qu'il contient des antioxydants et augmente la sérotonine. À condition d'en boire modérément, et plutôt un verre en milieu de repas.

• Et, de façon générale, tous les *aliments naturels*, non trafiqués, consommés sans excès, lentement, dans un endroit calme. Il devrait être inutile de préciser que si l'on avale n'importe quoi, à toute vitesse, dans le bruit et l'énervement, on ne fabriquera que du stress.

Les poisons

Certains aliments sont, pour notre cerveau, de véritables poisons. Il en est de violents et leurs dégâts sont directement proportionnels à l'abus que nous en faisons.

• Les *sucres rapides*, si on en consomme trop, provoquent les chutes de tonus et de moral dès que leur effet s'estompe. Et comme leur nom l'indique, l'effet est particulièrement rapide ! Plus on avance en âge, moins on les assimile. Or le métabolisme du sucre est très complexe : plusieurs hormones interviennent pour réguler son assimilation par le sang, notamment l'insuline, l'adrénaline et les hormones thyroïdiennes. Hyperglycémie et hypoglycémie (trop ou pas assez de sucre dans le sang) affectent gravement le système cardio-vasculaire, mais aussi notre vitalité (on a des « coups de fouet » et des « coups de pompe ») et notre humeur (on est surexcité ou angoissé). Sans compter leur rôle dans le diabète, maladie de l'assimilation du sucre de plus en plus répandue, au point d'être aujourd'hui, dans les pays avancés, l'un des premiers problèmes de santé publique.

• La *farine blanche* contenue dans le pain blanc, le pain de mie, les viennoiseries, les pâtisseries, les biscuits, les céréales transformées parce qu'elle est indigeste et souvent associée à des aliments sucrés.

• Le *tabac*, parce qu'il contient et favorise la production des radicaux libres qui sont les premiers facteurs du vieillissement. L'excès de tabac se voit aux poches sous les yeux, au flétrissement de la peau, aux rides prématurées... C'est aussi un excitant qui perturbe les cycles naturels du cerveau. Rappelons enfin, s'il en est besoin, qu'il est responsable du terrible cancer du poumon.

• *Au rayon des ennemis, mettons aussi* l'excès de viande rouge et de laitage, le manque de variété alimentaire, qui, à terme, provoquera des carences. Et encore les excitants (trop de thé ou café) qui perturbent notre horloge biologique et affectent notre système nerveux central par l'intermédiaire du ventre.

Il est donc vain de croire que l'on peut avoir le cerveau en éveil, une mémoire « d'éléphant » et un moral « d'acier » en se nourrissant mal. Un seul exemple ? La caféine a des propriétés stimulantes et des effets diurétiques. Mais prise en excès, elle amplifie l'anxiété et les émotions jusqu'à provoquer des palpitations ou une hypertension. Elle bloque l'assimilation des vitamines et de minéraux comme le fer, le zinc ou le potassium.

Il est en revanche très important de savoir que la notion essentielle en matière d'alimentation est l'équilibre. Un équilibre qui s'obtient sur la durée, et non par à-coups. Un équilibre fondamental qui ne sera pas affecté par un excès de temps en temps, ni par un des poisons s'il est pris avec modération. Mieux : intégré à une alimentation saine et variée, un poison peut redevenir un ami. Aucun aliment n'est intrinsèquement « mauvais », seul compte l'usage que nous en faisons.

Cerveau et dépendances

On peut détruire son cerveau avec l'alcool, la drogue, le tabac lorsqu'on passe « de l'autre côté de la barrière », du côté de l'usage abusif et de la dépendance. « Tu t'es vu quand t'as bu ? », disait, il y a quelques années, le slogan d'une campagne anti-alcool. Pas besoin, en effet, de longues explications pour comprendre que chez les grands buveurs, comme chez les grands drogués et les grands tabagiques, c'est le cerveau qui « trinque ». Les grandes dépendances sont autant psychologiques que physiques. La meilleure preuve est la difficulté du sevrage sans motivation profonde. Une motivation parfois difficile à susciter puisqu'un des effets (ou la cause ?) des grandes toxicomanies est justement l'annihilation de la volonté. Est-ce à dire qu'on ne s'en sort jamais ? Non, car l'encéphale a un fantastique pouvoir de récupération et, contrairement au corps, peut se régénérer et ressortir indemne du pire traumatisme. On peut garder à vie les séquelles physiques d'un accident aussi bénin qu'une fracture de la cheville et n'avoir aucune lésion du cerveau après un grave traumatisme, une séquestration ou la guerre. La structure du cerveau résiste à peu près à tout. Mais notre esprit souffre, notre affectivité aussi, et ils sont entretenus dans cette souffrance par la mémoire. Ainsi peut-on avoir été drogué ou alcoolique et retrouver toutes ses facultés. Sans être pour autant « guéri » puisque le souvenir demeure et que la dépendance peut revenir. Un seul verre peut faire retomber un alcoolique abstinent depuis plusieurs années. Là encore, une certaine fragilité, due à une sous- ou une surproduction de certains neurotransmetteurs, explique que certains risquent plus que d'autres de tomber dans la toxicomanie. Un ventre et un cerveau en pleine forme peuvent vous en protéger.

Médicaments tueurs

On peut abrutir son cerveau parce qu'on a un problème, ou parce qu'on dort mal, ou parce qu'on trouve la vie plus facile grâce à ces petites pilules censées nous apporter le bonheur, et qui en réalité nous détruisent. Les Français avalent à peu près trois fois plus de psychotropes que les Anglais ou les Américains. Le « Baromètre santé 2000 » a montré que, pendant l'année précédant l'enquête, plus d'une femme sur dix et un homme sur vingt avaient pris des antidépresseurs. Une femme sur cinq et un homme sur dix avaient consommé, au moins une fois dans l'année, des anxiolytiques ou des somnifères. Plusieurs rapports officiels ont tiré la sonnette d'alarme et montré que ces médicaments, prescrits la plupart du temps sans vraie raison et consommés de manière anarchique par les patients, ont des effets plus néfastes que bénéfiques. Aux États-Unis, en Grande-Bretagne, on commence à limiter sévèrement leur emploi. S'ils sont nécessaires dans les cas graves, lorsqu'une dépression réelle est avérée par exemple, ils ne peuvent en aucun cas servir de béquille à tous les petits incidents de la vie. Pendant toute ma carrière de thérapeute, je n'ai jamais rencontré de patient incapable de s'en passer lorsqu'il appliquait ma méthode, quel que fût le temps depuis lequel il en prenait. Les antidépresseurs, les somnifères, les tranquillisants dérèglent non seulement notre système nerveux mais aussi notre système neurovégétatif, qui lui-même influe sur notre santé mentale, et créent ainsi des désordres bien plus graves que ceux qu'ils sont censés pallier. Ces médicaments doivent être employés pour ce qu'ils sont : des moyens thérapeutiques faits pour répondre à des pathologies identifiées. Ils créent inévitablement une dépendance. Très vite, on ne peut plus s'en passer, on augmente même les doses. Ces anesthésiants du cerveau perturbent les échanges entre les deux cerveaux et mettent ceux qui les consomment en état de renoncement, ce renoncement qui correspond à l'indice du vieillissement de l'individu. J'ai dit, au début de ce livre, que la santé et la jeunesse étaient avant tout affaire de volonté, de discipline et de courage. Si on n'a pas le courage d'affronter les soucis quotidiens, si on avale une pilule rose ou bleue au premier problème, comment imaginer qu'on pourra lutter contre les effets du temps ?

Et pseudo-médicaments escrocs

Il est tentant de se dire que tout manque peut être comblé puisque les pharmacies, les parapharmacies (quand ce ne sont pas les grandes surfaces) regorgent de vitamines, minéraux, oligoéléments et oméga 3 en gélules, auxquels s'ajoutent les pilules qui font maigrir, dormir, bronzer... celles qui vous promettent de retrouver du tonus, votre libido, le sommeil, sans parler des yaourts qui suppriment le cholestérol et des friandises qui font grandir. Car les aliments, désormais, jouent le rôle des médicaments : on les dope aux vitamines ou aux oméga 3, on les charge de bactéries à tout faire. Les nutriments ont remplacé les aliments comme la nutraceutique s'est substituée à la nutrition. Et si les psychotropes et autres antidépresseurs sont des médicaments assassins, les vitamines et suppléments de synthèse sont des pseudo-médicaments qui relèvent de l'escroquerie.

Qu'en est-il vraiment ? S'il peut être utile, à certains moments et pour de bonnes raisons, de prendre ponctuellement un complément alimentaire, ce ne peut être que sur la prescription d'un médecin qui vous conseillera après avoir pratiqué des analyses et vous recommandera le produit et les doses exactes. Car il est quasi impossible de se retrouver seul, sans aucune connaissance scientifique, dans le foisonnement des produits actuellement sur le marché. Qui plus est, pas une étude sérieuse ne confirme que ces nutriments sont assimilés au niveau de l'intestin grêle. On est même pratiquement sûr aujourd'hui qu'au-delà de 45 ou

50 ans, ils ne sont plus assimilés du tout. Ces aliments artificiels sont donc probablement inutiles et potentiellement dangereux. Lorsqu'on sait que tout ce dont nous avons besoin existe à l'état naturel, on peine à trouver une explication rationnelle à l'engouement croissant pour ces « paradis artificiels » ! Si la jeunesse, la beauté, la santé, se vendaient en boîte, ça se saurait. Malheureusement, les médicaments de la nutrition sont surtout des attrape-nigauds. Une bonne alimentation est le meilleur des médicaments puisque, grâce à elle, on peut, le plus souvent, se passer de médicaments.

Les bonnes et les mauvaises plantes

Les plantes sont souvent un recours pour ceux qui préfèrent les médecines douces ou naturelles aux produits chimiques. Elles sont d'ailleurs utilisées pour leurs vertus médicinales puisqu'à peu près 25 % des médicaments actuels sont à base de plantes. L'OMS (Organisation mondiale de la santé) met en place des stratégies pour les utiliser, notamment dans les pays en voie de développement. En Occident, on appelle « parallèle » cette forme de médecine, souvent utile et nettement moins agressive dans les cas de pathologies fonctionnelles en particulier. Un chiffre permet d'évaluer l'importance de sa consommation : on estime le marché annuel des plantes médicinales à plus de soixante milliards de dollars.

Le problème est que, sous l'étiquette rassurante de « préparation à base de plantes », on trouve le meilleur comme le pire. Aux États-Unis, on a diagnostiqué des cas d'intoxication. En effet, dans des gélules, le plantain – qui est un additif alimentaire – avait été malencontreusement remplacé par de la digitale, plante utilisée comme traitement dans certaines affections cardiaques et qui est par ailleurs un poison violent si on n'en contrôle pas sévèrement les doses ! D'autres cas ont été signalés de plantes ou de racines employées à la place d'une autre, simplement parce que dans la nature elles se ressemblent. C'est pourquoi l'OMS lance actuellement une campagne pour contrôler la cueillette des plantes médicinales et surtout favoriser leur culture. Ce qui permettrait au moins de ne pas les mélanger dans les produits de soin. Et permettrait aussi de préserver des espèces menacées de disparition à cause de la cueillette sauvage.

Le tempo du cerveau

Le cerveau n'est jamais au repos, ce n'est pas pour cela qu'il n'a pas besoin de moments de repos, de pauses, de temps de relaxation pour mieux fonctionner ensuite. Le cerveau a des rythmes. On en connaît l'importance et la chronobiologie qui étudie les mécanismes de la physiologie du temps.

On n'est pas le même au lever qu'au coucher.

Certains sont du soir, d'autres du matin.

Un médicament ne produit pas le même effet selon qu'il est administré à une heure ou à une autre.

On assimile mieux un bon repas s'il est pris à midi plutôt que le soir.

L'attention, la concentration, la vigilance, s'amenuisent dans le temps mais reviennent après un court moment de détente (nous avons vu l'importance des pauses à chaque heure). Pour connaître ses rythmes il faut s'écouter, s'observer, noter si c'est nécessaire ses chutes de tension et d'attention, ses « coups de pompe », et à l'inverse les moments de la journée où l'on est le plus en forme. Il faut en tout cas ne jamais se laisser submerger par la fatigue, continuer à conduire, travailler et même s'amuser quand les réflexes ne répondent plus. Si on ne récupère pas, l'organisme vieillit à une vitesse accélérée. Certains signes ne trompent pas : yeux cernés, poches sous les yeux, peau flétrie, teint brouillé. D'autres signes existent, même s'ils sont moins évidents : production excessive de radicaux libres, dysfonctionnements du système neurovégétatif entraînant à leur tour des anomalies d'autres systèmes...

Car les souffrances du cerveau ont aussi des répercussions physiques. Elles perturbent les communications avec nos systèmes fonctionnels et accélèrent le processus du vieillissement tout en diminuant nos défenses immunitaires.

Le cerveau a besoin de sommeil

Les Français, paraît-il, dorment mal. À les entendre, ils ne dorment presque pas. Pourtant, lorsqu'on met en observation ceux qui déclarent passer des nuits sans sommeil, on s'aperçoit qu'ils dorment en réalité pendant un certain nombre d'heures. Ils ont néanmoins l'impression de ne pas se reposer et d'être toujours fatigués, ce qui montre au moins que leur sommeil est de mauvaise qualité. Or la privation de sommeil est la pire des tortures, elle peut tuer ou rendre fou. Dormir mal est comme une maladie : on est affaibli, les défenses immunitaires diminuent, on a du mal à réfléchir et à se concentrer. Quelques nuits sans sommeil, et on constate que tout l'organisme est atteint. Il faut donc agir sans attendre.

Le sommeil est le réparateur du cerveau

À propos d'un bon sommeil, on parle d'un sommeil réparateur. Et c'est vrai. Le sommeil répare littéralement les fatigues, les stress, les tensions accumulés tout au long de la journée.

Si le corps se met réellement en sommeil (l'activité du système sympathique est réduite, le cœur bat plus lentement, la tension artérielle se régularise), on pourrait dire que le cerveau ne dort que d'un œil. Car le sommeil est composé de cycles qui se répètent au cours de la nuit, alternance de phases de sommeil profond, pendant lesquelles le corps et le cerveau se relâchent, et de phases de sommeil dit « paradoxal » : celles des rêves pendant lesquelles le corps est au repos, mais le cerveau est actif. Pendant la nuit, notre encéphale trie les informations, conscientes ou inconscientes, emmagasinées pendant le jour. Les rêves, qui sont les exutoires du cerveau, l'aident à évacuer une partie des chocs psychiques et émotionnels. Sans ce travail de récupération et de remise en ordre, nous attaquons la journée suivante en état de moindre résistance et elle nous paraît plus difficile à vivre. Au bout de quelque temps, nous souffrons de cette détresse du cerveau qu'est la déprime. Comme un système organique, le cerveau doit éliminer ses impuretés, et c'est en grande partie grâce au sommeil qu'il y parvient.

Les rythmes du sommeil sont une réalité biologique

Le sommeil répond à des lois biologiques et l'on connaît très bien les phases d'éveil et d'endormissement de nos différents systèmes. On sait aussi que le sommeil est régi par la production de sérotonine, un neurotransmetteur dont l'activité cesse pendant la nuit pour reprendre au réveil. La sérotonine est le régulateur du sommeil : si sa production est excessive ou insuffisante, des troubles apparaissent comme l'insomnie (on ne dort pas assez) ou l'hypersomnie (on dort trop). Raison nécessaire et suffisante pour entretenir son ventre puisqu'il produit la majeure partie de la sérotonine.

Pour bien dormir, il faut aussi respecter ses propres rythmes de sommeil. Chacun a besoin d'un nombre d'heures minimal : en moyenne dix à douze heures pour un enfant, six à huit heures pour un adulte, mais ces durées statistiques ne tiennent pas compte des besoins réels de chacun qui dépendent à la fois de la nature de son activité, de son tempérament et de ses habitudes. On peut être un lève-tôt ou aimer faire la grasse matinée, on peut être du soir ou bien du matin, détester ou adorer la sieste, être capable de supporter une nuit sans sommeil et de récupérer la nuit suivante comme si de rien n'était ou se sentir hors d'état de travailler normalement après une nuit d'insomnie. Il n'y a qu'une règle, mais elle est impérative : il faut dormir suffisamment.

Quand dormir fait maigrir

On pèse généralement moins lourd le matin que le soir, preuve que le sommeil favorise l'élimination. À l'inverse, ne pas dormir suffisamment fait grossir et des chercheurs de la faculté de médecine de Stanford aux États-Unis ont fini par en découvrir la raison. Le manque de sommeil augmente la production d'une hormone sécrétée par l'estomac, la ghréline, qui stimule l'appétit et diminue parallèlement la production par les adipocytes d'une seconde hormone, la leptidine, qui est l'hormone de la satiété. Conclusion : moins on dort, plus l'organisme a faim et moins il élimine. Les résultats de ce dérèglement ne se font pas attendre. Si on dort entre deux et quatre heures par nuit, on a 73 % de risques supplémentaires de devenir obèse. L'augmentation de l'indice de masse corporelle est directement proportionnelle au nombre d'heures de sommeil. L'étude montre qu'elle est de 3,6 % en moyenne chez ceux qui passent de huit heures à cinq heures de sommeil.

Bien dormir, ça s'apprend

On peut aider son corps à dormir, nous l'avons vu, en allégeant par exemple le repas du soir, en évitant de boire trop d'alcool avant d'aller se coucher, en évitant aussi de dormir dans une chambre surchauffée ou de s'endormir, lumières allumées, devant la télévision... La mélatonine, l'autre neurotransmetteur impliqué dans le sommeil, régule non la quantité de sommeil comme la sérotonine mais les cycles veille-sommeil. Elle est aussi sensible à la lumière : son taux augmente au coucher du soleil. Elle est sécrétée pendant la nuit et diminue de nouveau au matin.

On peut aussi préparer son cerveau au repos. En se ménageant, par exemple, un moment de détente avant d'aller au lit. Se coucher en plein stress ou après une violente dispute n'annonce pas un sommeil réparateur. Pratiquez vos exercices de respiration : c'est la meilleure des préparations au sommeil puisqu'elle vous aidera à trouver une vraie détente.

Ressasser jusqu'au masochisme ses soucis et ses sujets de mauvaise humeur n'est pas non plus le meilleur moyen de trouver le sommeil. Relativisez : c'est le moment de penser à autre chose, de se détendre, de se dire que « demain est un autre jour ». Si le sommeil est réparateur, c'est justement parce que, après une bonne nuit, on est en état d'affronter plus clairement les difficultés quotidiennes. On est passé du pôle négatif au pôle positif. Les problèmes sont les mêmes, mais notre capacité à les gérer est intacte.

Simple comme le jour et la nuit

Nous avons parlé plus haut des psychotropes, j'aimerais revenir un instant sur ce nouveau mal du siècle que sont les somnifères. Certes, ils font dormir. Ils agissent à la manière d'un coup de massue sur la tête. Ils n'aident pas le cerveau à se reposer, ils l'assomment. Pris ponctuellement, une fois de temps en temps, pour une raison précise (choc ou stress violent, décalage horaire...), ces médicaments remplissent leur rôle en obligeant le corps et le cerveau à se déconnecter. Mais à long terme, en déréglant profondément le cycle naturel du sommeil et des rêves, en perturbant le cycle de la sérotonine et de la mélatonine, ils installent le trouble qu'ils sont censés guérir. Or, en reprenant les bases de ma méthode, en mangeant à des heures régulières, en marchant une heure par jour, en pratiquant mes exercices de respiration, on retrouve le sommeil en moins de trois semaines.

Petite recette infaillible pour les insomniaques

S'il arrive qu'on ait des soucis importants, si le stress prend le dessus, la température du corps s'élève pendant la nuit. En ce cas, il faut se lever et prendre une douche en alternant eau tiède et eau glacée, en terminant par l'eau froide pendant environ trois minutes. En provoquant alternativement des phénomènes de vasoconstriction et de vasodilatation des vaisseaux, on accélère l'élimination des toxines, on détend le système nerveux et, lorsqu'on se recouche, on se rendort spontanément.

Cette méthode agit non seulement en cas de stress, mais aussi en cas de mauvaise digestion et d'excès de fermentation intestinale qui, elles aussi, élèvent la température.

Revenez aux sources du sommeil qui sont le jour et la nuit, la lumière et l'obscurité. Un cycle bousculé par les éclairages artificiels des bureaux, par les heures d'hiver ou d'été jamais en phase avec le lever et le coucher du soleil, par les rythmes urbains décalés... Nous avons parlé de l'effet de la lumière sur les neurotransmetteurs impliqués dans les rythmes du sommeil. On sait aussi qu'une molécule de la rétine (la mélanopsine) mesure la lumière extérieure et règle notre horloge biologique en fonction de son intensité. Pour détecter la nuit, notre cerveau doit avoir « ressenti » la lumière.

Une nouvelle thérapie, dite « luminothérapie », consiste à exposer les insomniaques pendant quinze jours, une heure par jour à la même heure, à une lumière aussi puissante que celle du soleil un matin de printemps.

On a aussi découvert dans la rétine des photo-récepteurs qui ne sont pas impliqués dans la vision, mais sont directement reliés aux aires cérébrales concernées par les rythmes du sommeil. Ainsi les personnes dont le nerf optique est lésé ont vingt fois plus de risques de somnoler pendant la journée et de se réveiller à n'importe quelle heure. Les chercheurs pensent qu'ils ont des difficultés à utiliser la lumière du jour pour synchroniser leurs rythmes internes au monde extérieur.

Le sommeil est peut-être aussi simple que le jour et la nuit.

Le cerveau est un décodeur

Le cerveau est un merveilleux décodeur puisqu'il décrypte et traduit en sensations et émotions tous les messages sensoriels. Les cinq sens sont les moyens de correspondance de l'être humain avec le monde qui l'entoure. C'est par leur intermédiaire que l'homme appréhende son environnement, en goûte les plaisirs et, si nécessaire, peut se protéger. Malheureusement, on a tendance aujourd'hui à les négliger. Quand les signaux se brouillent, les réponses deviennent inadaptées et une souffrance se crée. Si on comprend l'importance des sens, on retrouve aussitôt toute la palette des sensations qui enrichissent la vie. C'est cela aussi la jeunesse : sentir, toucher, entendre, voir, goûter et profiter pleinement des petits bonheurs qui font la qualité et la plénitude de la vie.

L'odorat

Chacun a en mémoire des senteurs qui lui rappellent que l'odorat va bien au-delà de la perception mécanique des odeurs. Proust évoque le souvenir de la madeleine, d'autres se remémorent un parfum ou la fraîcheur d'un sous-bois un jour d'automne... Les odeurs conduisent aux souvenirs, aux émotions oubliées, aux instants avec des personnes aimées. On dit que l'être humain peut distinguer dix mille odeurs différentes sur les dix-sept mille que lui offre la nature. Combien un citadin peut-il en percevoir en 2005 ?

La pollution et son cortège de rhinites et autres sinusites, les vapeurs d'hydrocarbures ou d'alcool, les cache-misère comme les produits ménagers au citron vert ou à la lavande, les bougies parfumées souvent entêtantes. Par leur présence, on perd l'odorat, on finit par penser que ça sent bon quand ça ne sent rien. Les odeurs véritables sont masquées par d'autres, agréables peut-être, mais dépourvues de sens. Si bien que le cerveau n'en tire plus d'informations positives ou indicatrices d'un quelconque danger.

Pour sentir, il faut respirer. Des maladies souvent chroniques, comme la rhinite ou la sinusite, sont une des conséquences d'un excès de fermentation intestinale. Elles affectent l'odorat. Là encore, c'est en soignant son ventre qu'on en viendra à bout.

Il faut exercer son odorat. Une promenade à la campagne est l'occasion rêvée pour retrouver les mille et une odeurs de plantes et de fleurs. L'odeur de la mer, d'un coquillage, du poisson fraîchement pêché, ou celle d'un fruit d'été, éveille notre appétit. En sentant, on devine si la nourriture qui s'offre à nous est de bonne ou de mauvaise qualité. Nous avons longuement évoqué l'importance de l'alimentation, les bonnes odeurs de cuisine en sont une des clefs. En déclenchant le désir, en promettant un plaisir, elles détendent les plexus et tout notre système neurovégétatif qui envoie au cerveau les signaux du bien-être qui nous permettront de manger sereinement et de digérer correctement. L'alimentation plaisir commence avec l'odorat qui nous fait détecter ce qui est bon pour nous. Et dans l'attirance physique entre un homme et une femme, l'odeur de l'autre joue un rôle essentiel grâce aux phéromones, même si on n'en a que rarement conscience.

L'odorat est un sens subtil. Il perçoit les notes les plus infimes s'il n'est pas abîmé par le tabac, la cocaïne ou toute autre drogue inhalée. S'il procure des plaisirs et fait naître l'envie, l'odorat nous informe aussi sur certains dangers : l'odeur d'une viande avariée doit faire fuir aussi sûrement que celle d'un produit nocif. C'est pour éviter les accidents mortels que l'on confère artificiellement son odeur caractéristique au gaz de ville.

Toutes les odeurs sont donc bonnes à prendre, et plus nous en percevons, plus nous avons de chances d'harmoniser nos deux cerveaux. Certaines odeurs sont d'ailleurs en elles-mêmes des thérapies : odeur apaisante d'un bain moussant, huiles essentielles aux multiples vertus, épices, savons, herbes aromatiques... Variez la palette des senteurs qui vous entourent. L'absence d'odorat est un handicap plus grave qu'on ne saurait le croire. Les patients atteints de la maladie d'Alzheimer n'identifient plus qu'une dizaine d'odeurs !

La multiplication des odeurs est un bienfait pour le corps et pour l'esprit.

Le goût

Autre pilier de l'alimentation, le goût... qui nous ramène aux odeurs de cuisine. Les papilles, qui sont les récepteurs de la langue, analysent finement le goût de ce que nous mangeons et transmettent ces informations au cerveau qui les traduit immédiatement en bien-être ou en stress. C'est ainsi qu'un bon repas pris entre amis dans le calme et la bonne humeur vaut... deux ou trois heures de gymnastique. L'un des dangers des salades sous plastique, des fromages industriels et des boissons chimiques est de détruire le goût, ou de l'affadir au point que manger devient un acte dénué d'intérêt. On mange parce qu'on a faim, sans y prendre garde, sans mesurer que dans le même temps on court-circuite les neurotransmetteurs, qui eux-mêmes participent de la bonne assimilation des aliments.

Je peux comprendre que la vie actuelle rende difficile la confection quotidienne de mets compliqués. Mais se mettre à table en famille, sans télévision, et manger dans le calme des plats simples aromatisés de quelques herbes ou d'un peu d'épices, d'une noix de beurre frais ou d'un jus de citron, est encore possible. Quoi qu'on en dise. Jamais on n'a goûté autant de saveurs. Des traiteurs chinois aux restaurants italiens, nous sommes désormais familiarisés aux mets les plus exotiques. Pourtant nous trouvons normal de faire notre ordinaire d'une purée en flocons, d'une quiche réchauffée au micro-ondes ou d'une tranche de jambon aux phosphates. Développer son goût permet le plus souvent d'éviter ce genre d'erreur.

Salive : l'eau à la bouche

L'uniformisation de la nourriture, d'où découle l'affadissement du goût, explique en partie pourquoi on n'a jamais compté autant de maladies de la nutrition, du dérèglement des comportements (excès de sucre entre autres). L'anorexie et la boulimie sont les manifestations extrêmes d'une façon de se nourrir qui, en faisant abstraction du goût, élimine tout plaisir de l'alimentation. Sans compter que ce sont le plaisir de manger et le goût agréable des aliments qui déclenchent la production de salive. Mélange d'eau, de protéines et de sels minéraux (calcium et phosphore en particulier), la salive protège les dents et, grâce aux enzymes qu'elle contient, réduit l'acidité buccale. Au contraire, sa diminution provoque une acidité gastrique. Son action désinfectante est indispensable dans le processus d'assimilation-élimination. La digestion commence avant de manger, lorsqu'on a « l'eau à la bouche ». Car la production de cette salive, élément clef du bon fonctionnement du système neurovégétatif, naît d'abord dans le cerveau. Pour bien manger, il faut aimer manger. Les chercheurs s'intéressent beaucoup à la salive, mais jusqu'à présent, aucun laboratoire n'a réussi à la synthétiser. Ce serait peut-être un bienfait, si tant est que la salive synthétique soit aussi performante que la vraie salive, ce dont personnellement je doute.

Je continue à croire que le goût est le plus terrien de nos cinq sens, celui qui exprime le besoin le plus essentiel de l'homme qui est de se nourrir. Il est aussi le sens par lequel ventre et cerveau sont les plus liés. On rapproche souvent le goût de manger du goût de vivre, on dit des gastronomes qu'ils sont de bons vivants, et lorsqu'on est malheureux on dit qu'on a perdu le « goût » de vivre. Autant d'expressions qui montrent que le goût et la vie sont indissociables.

L'ouïe

Alors que le goût et l'odorat sont très peu affectés par l'âge, l'ouïe, comme la vue, est un organe fragile. L'acuité auditive diminue à partir de la quarantaine. La seule précaution à prendre, mais elle est importante, est de se protéger des bruits excessifs. Car nous mettons constamment à mal nos oreilles.

Reconnu comme un accident du travail, placé dans le peloton de tête à l'échelle des stress, le bruit est pourtant toléré dans la vie quotidienne comme un mal nécessaire. Il est devenu un accompagnement « naturel » de toutes nos activités. Radio, télévision et chaîne hi-fi comblent les silences domestiques, tristes substituts au manque de dialogue entre les membres d'une même famille. Voitures, klaxons et coups de frein : les bruits de la circulation font résonner nos villes du matin au soir et du soir au matin, perturbant le sommeil de millions de citadins. On dit qu'une moto traversant Paris à pleine vitesse à 2 heures du matin réveille au passage trois cent mille personnes... Sans compter la musique diffusée à des dizaines de décibels dans les boîtes de nuit, qui risque de rendre sourds les jeunes et les adolescents déjà accros aux baladeurs vissés sur leurs oreilles.

On sait pourtant que l'excès de bruit perturbe gravement le système nerveux. Il faut donc impérativement éviter les bruits insupportables et leur cascade de conséquences néfastes : stress, irritabilité, montées d'adrénaline... la moindre de ces conséquences n'étant pas, on s'en doute, le risque réel de perdre l'audition à plus ou moins long terme.

Un bruit excessif masque tous les autres sons. Pourtant, l'ouïe, comme chacun de nos sens, nous renseigne sur notre environnement et nous permet d'éviter certains dangers : entendre une voiture arriver permet de l'éviter, le cri d'un enfant nous alerte, un râle n'a pas le même sens qu'un soupir de plaisir.

Entendre, c'est communiquer

Outre l'excès de bruit, certains bruits peuvent, par leur sonorité, provoquer un stress ou un malaise. Le crissement de la craie sur le tableau noir ou la fraise du dentiste en sont de bons exemples. L'audition participe ainsi à notre système d'adaptation au monde.

Mais l'ouïe est surtout, je dirais avant tout, le sens de la communication par excellence. Entendre l'autre, le comprendre, lui répondre, sont les premières étapes de la communication, et c'est parce qu'il est doté de la parole, et que cette parole a un sens, que l'homme est supérieur à l'animal. C'est pourquoi l'ouïe est aussi, parmi nos cinq sens, celui dont la perte est la plus irréparable puisqu'elle se traduit par un terrible isolement. Être sourd, c'est être seul, coupé du monde, en retrait. Déconnectés, les centres de la communication orale situés dans le cerveau deviennent inopérants. Il s'ensuit un repli sur soi, un désintérêt pour les échanges dont on est exclu, une forme de dépression.

Une bonne hygiène des oreilles (mieux vaut les laver avec un spray ou du sérum physiologique plutôt que d'enfoncer des Coton-tige qui ne font que tasser le cérumen), des examens systématiques de l'audition lors des bilans de santé de l'après-cinquantaine et la volonté de ménager ses oreilles (fût-ce avec des boules Quiès), notamment la nuit, sont des moyens simples pour préserver son ouïe le plus longtemps possible. Et même si, lorsqu'on entend bien, on n'en ressent pas l'utilité, il ne faut pas les négliger.

La vue

Voir, c'est d'abord savoir où l'on est. La vue est le sens grâce auquel nous nous situons, nous nous orientons, nous reconnaissons les autres et notre environnement. C'est aussi jouir des beautés du monde.

Si la vue peut présenter des anomalies (myopie, astigmatisme...), si l'œil peut être atteint de maladies (cataracte, glaucome...), on sait aujourd'hui très bien corriger ses défauts et guérir la plupart de ses pathologies. Dès l'école, la médecine scolaire teste la vue des enfants, et ce dépistage précoce permet à la population de jouir, au moins dans les pays avancés, d'une bonne vue. Dès lors, nous pouvons utiliser au maximum ce sens qui est celui de l'ouverture au monde.

Les yeux et le regard

L'action de voir ou de regarder – ce qui n'est pas tout à fait la même chose – montre à l'évidence les multiples connexions entre la vision et le cerveau. Au premier abord, le cerveau enregistre les informations transmises par le système complexe de l'œil qui va de la rétine au nerf optique, et de celui-ci à l'encéphale. C'est pourquoi l'activité primaire, quasi photographique, qu'est la vision est immédiatement relayée et traduite en un faisceau de sentiments et d'émotions nés de l'interprétation de ce que nous voyons. C'est ce qu'on appelle le regard, qui signifie à la fois ce mode de compréhension de l'image et, par extension ce qu'expriment nos yeux. Car notre regard exprime nos pensées, parfois à notre insu. Il peut être froid ou tendre, acéré ou vide, et, selon que nous nous sentons aimé ou rejeté dans le regard de l'autre, nos humeurs, nos comportements en seront changés et notre métabolisme sera transformé. Directement reliés au cerveau à notre système neurovégétatif, les yeux, que les Anciens appelaient les « fenêtres de l'âme », sont plus que des miroirs. Toute vision déclenche un sentiment, donc la production d'hormones et la sécrétion de neurotransmetteurs, et ainsi influe sur le métabolisme de nos deux cerveaux.

Quand l'œil se fait psychothérapeute

Les mouvements des globes oculaires pendant certaines phases du sommeil sont une autre preuve de la relation de l'œil au cerveau, et même à l'inconscient. De ces constatations est née une forme de psychothérapie appelée EMDR [1]. Inventée il y a une quinzaine d'années par la psychologue américaine Francine Shapiro, elle utilise des mouvements soigneusement codifiés du globe oculaire pour faire émerger au niveau conscient des traumatismes mal assimilés pour les réintro-

1. C'est-à-dire l'intégration neuro-émotionnelle par les mouvements oculaires.

duire dans une perception psychique normale. Cette technique, qui ne peut être utilisée que par des praticiens spécialement formés, a si bien démontré son efficacité qu'elle a été reconnue à la fois par le ministère de la Santé britannique et l'American Psychiatric Association. On ne sait pas expliquer aujourd'hui les mécanismes réellement mis en jeu par l'EMDR, mais force est de constater que les mouvements du globe oculaire jouent, dans cette méthode relativement proche de l'hypnose, le rôle de lien entre mémoire consciente et mémoire inconsciente. Quand l'œil se fait psychothérapeute...

L'œil est ainsi un organe à part, un sens particulier dont la jeunesse s'exprime de multiples façons. Apprendre à cultiver ce sens, lui garder sa vivacité, c'est savoir regarder autant que voir et, par là, comprendre, aimer, s'émerveiller, admirer. La lecture, la peinture, la nature, ne nous sont accessibles que par le regard. Tout est tableau pour l'œil, et matière à une gamme extraordinairement étendue de sensations et d'émotions. On dit que l'œil est le miroir de l'âme. Sans doute parce que notre « façon de voir » traduit notre être profond. Il est peut-être banal de dire que les bons sentiments, l'indulgence, l'éveil, la capacité à s'émerveiller... sont meilleurs pour la santé du corps et de l'esprit que les mauvais sentiments, la méchanceté, le dénigrement systématique, le pessimisme. Vous connaissez l'histoire de ceux qui, regardant un verre, le voient pour les uns à moitié plein, pour les autres à moitié vide. Offrez-vous chaque jour un « plaisir des yeux », fixez votre attention pendant quelques minutes sur un être aimé, un arbre, un tableau, une image évocatrice pour vous de sérénité. Vos yeux peuvent être les vecteurs de la jeunesse du cœur.

Le toucher

La peau est en taille (environ deux mètres carrés) et en poids (quelque trois kilos chez un adulte qui en pèse soixante-dix), l'organe le plus important du corps humain. Selon François Dagognet [1], « 1 cm ^{2} de peau contient environ 3 vaisseaux sanguins, 10 poils, 12 nerfs, 15 glandes sébacées, 100 glandes sudoripares et 3 millions de cellules ». On peut comprendre que cette enveloppe du corps ait de multiples fonctions, dont certaines sont des fonctions de survie. Barrière contre les agressions, porte ouverte à l'oxygène et à de nombreux principes actifs (les médicaments transdermiques, absorbés notamment par l'intermédiaire de patchs, se sont largement développés ces dernières années), elle respire, absorbe et transmet aux cellules ce qui leur fait du bien, ou au contraire rejette les toxines, transpire, élimine...

« Interface entre le dedans et le dehors, la peau ne peut être séparée ni du dedans qu'elle contient, ni du dehors qui l'affecte et la stimule... Ce seul fait la singularise. Elle cache dans le même temps qu'elle affiche », écrit *Le Quotidien du médecin* dans un excellent dossier publié le 11 mars 2004. Mais la peau ne se contente pas de son rôle physiologique. Par ses multiples terminaisons nerveuses, elle est en permanence reliée à notre cerveau, dont elle reflète les émotions et auquel elle en transmet.

1. *La Peau découverte*, Flammarion, 2003.

Reflet de la beauté, liée au plaisir et à la sexualité, par le toucher et les multiples sensations qu'il procure, elle nous relie au monde et aux autres.

Touchez-vous les uns les autres

La peau est l'organe du contact avec les choses, mais surtout avec les autres, et ce contact est si essentiel pour le développement harmonieux de l'être humain qu'un bébé privé de contacts physiques avec sa mère et de ses caresses en portera toute sa vie le manque. Son système immunitaire est alors affaibli. Ces contacts charnels et amoureux entre la mère et son bébé sont la première forme de communication de l'enfant avec l'autre, celle qui vient avant les mots. « Le massage devient message », a écrit le psychanalyste Didier Anzieu. Des bébés singes ont été mis en cage avec des objets-mères, l'un doux en fourrure, l'autre en fil de fer. Si on introduit dans la cage un objet étranger, le bébé singe se réfugie près de la maman-fourrure. Si, dans sa cage, il n'y a qu'une maman-fil de fer, il se réfugie tout seul dans un coin et ne bouge plus. Les nourrissons hospitalisés souffrent d'une forme de carence affective qui peut devenir irréversible si l'hospitalisation se prolonge. Le bébé passe par une phase de tristesse, puis par une phase de fureur contre sa mère, enfin il s'enfonce dans l'indifférence et l'apathie. Dans les services de néonatalité, on sait qu'en aidant les parents à toucher et à caresser leur nouveau-né prématuré on augmente ses chances de survie.

Les pères sont aussi concernés. Un médecin hollandais, Frans Veldman, rescapé des camps d'extermination, estimait que l'absence de contacts physiques entre les nourrissons et leur père expliquait une bonne part des problèmes de la société. Sur ce concept, il inventa une thérapie qu'il appela l'haptonomie. Il demandait aux futurs pères de caresser le ventre de leur femme enceinte, et il paraît que le fœtus venait d'instinct se nicher à l'emplacement de cette main.

La main de la mère, de l'amant, du thérapeute, instille de la chaleur, ce mot qui exprime à la fois une sensation physique et une émotion psychique. La main amicale ou fraternelle rassure et réconforte. La main a l'extraordinaire capacité de créer un lien entre deux êtres, de procurer du bien-être et aussi de soigner.

De l'importance des caresses

Le toucher nous sert à connaître et à reconnaître les objets, mais aussi à communiquer des sentiments, à échanger de la tendresse et de l'amour, à séduire, à exprimer et à inspirer du désir. Entre deux adultes amoureux, la peau de l'autre, sa texture, son odeur, sont des éléments primordiaux.

Des chercheurs suédois et canadiens ont découvert que la peau possède deux sortes de fibres nerveuses : les grosses fibres couvertes de myéline, neurotransmetteur qui joue un rôle primordial dans la transmission des sensations tactiles au cerveau, mais aussi des fibres plus fines et dépourvues de myéline, qui transmettent les signaux plus légers. Effleurages, frôlements et caresses. C'est pourquoi il suffit parfois de poser ses mains sur un corps pour détendre et apaiser une personne stressée.

Les mains sont des magiciennes

La main a longtemps été le meilleur outil de l'homme. C'était le temps où le travail manuel était considéré à sa vraie valeur et où l'on s'émerveillait encore de voir une planche de bois se transformer en meuble précieux. Mais l'industrialisation d'un côté, la prise du pouvoir par les intellectuels de l'autre, ont fini par faire disparaître les compagnons d'autrefois.

Pourtant la main, ingénieuse et sensuelle, possède sa propre intelligence. Un exemple ? En pratiquant les automassages du ventre, on prend la mesure exacte du pouvoir de la main qui ressent ce qu'elle ne touche pas directement : des organes situés dans l'abdomen, au point de nous « renseigner » sur leur état. Puis elle les masse, et ainsi parvient à les guérir. Les mains sont des magiciennes dont nous ne devrions pas négliger le pouvoir.

La pudeur et l'ignorance nous empêchent souvent d'utiliser nos mains. Les psys, nous l'avons dit, mais aussi les médecins dans les hôpitaux, ne touchent pas leurs malades, sauf lorsqu'il le faut, pour un geste technique. C'est peut-être pourquoi les infirmières, qui savent caresser un front brûlant, serrer des mains pendant quelques minutes, sont le seul réconfort des malades. Nous parlons de vieillesse : songeons aux vieillards isolés, qui souffrent tout autant de ne jamais ressentir la douceur d'un bras autour de leurs épaules que de tous les maux infligés par leur âge.

Vos mains ne demandent aucun soin particulier : elles ne sont pas difficiles à vivre. Touchez, caressez, massez ceux que vous aimez, palpez les fruits dans les marchés, éprouvez la douceur ou la rugosité d'un objet, la chaleur ou le froid... Une meilleure connaissance du monde et beaucoup d'amour sont au bout de vos doigts.

La peau est le miroir de l'âge

La peau est un moyen d'expression presque aussi efficace que la parole. Une émotion la fait rougir ou blêmir, une contrariété lui donne des boutons ou des démangeaisons, la peur lui donne la chair de poule... En prise directe avec nos sentiments, elle est aussi la première à refléter les premiers signes du vieillissement. Tonique, souple et élastique, ferme, dépourvue de rides et de vergetures, exempte de bourrelets et de cellulite, d'une belle couleur, elle témoigne ouvertement de la jeunesse. Flétrie, flasque, grise ou trop pâle, marquée de rondeurs, de poches, de cernes, elle est la vitrine d'une fermentation intestinale et d'un excès de radicaux libres qui l'abîment et la marquent.

On peut faire un lifting et rendre sa jeunesse à un visage, on ne peut gommer les ravages du temps sur la peau. Soumise aux agressions externes (pollution, excès de soleil, sécheresse d'un air confiné, manque d'oxygène) et internes (dysfonctionnements du système neurovégétatif, troubles de l'assimilation-élimination, stress répétés, manque de sommeil), la peau doit résister au passage du temps.

Il faut donc la nettoyer, l'entretenir, l'hydrater, la nourrir et la protéger contre toutes les formes d'agression. Il existe d'innombrables crèmes et lotions pour l'adoucir, la parfumer, l'hydrater, la masser, lutter contre les rides, les cernes et autres marques visibles, symptômes de problèmes plus profonds. Choisissez celles qui vous font plaisir, tout en sachant que si vous fumez deux paquets de cigarettes par jour, buvez plus que de raison et vous couchez à des heures indues, elles ne vous rendront pas une peau de bébé. Quelles que soient les vertus des produits cosmétiques, une belle peau doit plus à une vie saine et naturelle qu'à ces produits de beauté souvent très onéreux, qui ne passent pas la barrière de l'épiderme et relèvent plus des traitements de surface que des traitements de fond.

Les bienfaits de l'hydrothérapie

Parmi les soins bienfaisants pour la peau, j'accorde une place toute particulière à l'hydrothérapie. Si la plupart des cosmétiques ne dépassent pas la barrière de l'épiderme, il est prouvé que la peau laisse passer les principes actifs de l'eau de source, de l'eau de mer et même de l'eau du bain que l'on peut enrichir d'algues, d'huiles essentielles ou de plantes aromatiques.

- Une douche alternativement tiède et froide le matin active la circulation, donne du tonus, réveille l'énergie.
- Un bain relaxant le soir prédispose au sommeil.

Entre les deux, douches ou bains, parfois réservés à une seule partie du corps, apaisent le système nerveux, calment la nervosité et éliminent la fatigue musculaire.

L'eau est la meilleure amie de notre peau. Calmant naturel, elle peut remplacer la main du thérapeute lorsqu'on est fatigué, qu'on a mal au ventre, au dos, aux articulations. N'oublions pas que nous naissons dans un milieu aquatique.

Quant à la thalassothérapie, son succès, qui ne se dément pas, démontre le bien-être qu'elle procure à ceux qui la pratiquent.

Mémoire : le cerveau n'oublie rien

Contrairement aux idées bien ancrées, le cerveau n'oublie rien, la mémoire, contrairement à la chanson, ne flanche pas, elle ne retombe même pas en enfance comme on voudrait nous le faire croire. Si les grands vieillards évoquent plus volontiers leur jeunesse que le temps présent, c'est sans doute parce que c'est plus agréable. Rita Levi Montalcini prouva à un âge très avancé que les neurones du cerveau ne « s'enfuient » pas quand nous vieillissons. Nous en perdons, mais bien peu par rapport à leur nombre qui est gigantesque et, surtout, leur perte est généralement compensée par le cerveau lui-même qui, en quelque sorte, s'autorépare. Il met en place des circuits de remplacement en augmentant le nombre des ramifications nerveuses dites dendritiques. On a même découvert que, chez des personnes âgées de plus de 70 ans, de nouveaux neurones naissent dans la région du cerveau appelée hippocampe, impliquée dans le processus de mémorisation. Selon la chercheuse italienne, récompensée pour cette découverte par le prix Nobel, la mémoire est une faculté qui résiste au temps et au vieillissement.

Le manque de mémoire n'existe pas

Il n'en est pas moins vrai que la plupart des gens vieillissants mettent sur le compte d'une fatalité biologique leurs « trous de mémoire » et leur apparente difficulté à se concentrer, à apprendre et à retenir de nouvelles informations, à s'adapter au monde qui change autour d'eux. En réalité, la mémoire ne s'use que si l'on ne s'en sert pas, et ce que l'on met sur le compte du manque de mémoire des gens âgés est en réalité la conséquence de leur manque d'intérêt et de blocages psychologiques qui leur font refuser toute nouvelle connaissance. Exemple flagrant : les ordinateurs et autres e-mails dont les grands-parents disent généralement qu'ils n'y comprennent rien. Ils le pourraient pourtant, s'ils le voulaient...

Il est inutile de faire des devoirs de mémoire comme on fait des devoirs à l'école, de s'obliger à des exercices fastidieux du genre : regardez ces quinze objets pendant une minute et tentez de me les réciter... Sauf cas très particuliers, accident vasculaire cérébral ou maladie affectant le cerveau, la mémoire n'est pas un muscle qu'il faut entraîner. Pour la garder, il suffit de s'intéresser. Évidemment, elle est sélective. Évidemment, personne ne retient tout. C'est d'ailleurs pourquoi nous n'utilisons qu'une partie du stock de mémoire que nous recevons en naissant. Mais si vous vous sentez concerné par les autres et par ce qui se passe autour de vous, vous garderez votre mémoire.

Lisez, plutôt que de vous abrutir en permanence devant la télévision, informez-vous, intéressez-vous, apprenez (une nouvelle recette de cuisine, quelques mots de la langue du pays où vous voyagez, un chapitre d'histoire avec votre petit fils...) et vous aurez une mémoire d'éléphant. Et, surtout, ne vous dites jamais que vous n'avez plus de mémoire : le manque de mémoire n'est rien d'autre que la paresse d'avoir de la mémoire.

Le cerveau a besoin de plaisir

Tout le monde est candidat à l'éternelle jeunesse, peu de gens savent la trouver où elle est, c'est-à-dire en eux-mêmes. Depuis tant d'années, je vois les ravages de cette quête, trop souvent réduite à une succession sans fin de méthodes dont on attend un miracle et qui ne produisent rien.

Il y a les adeptes de la chirurgie esthétique, roue de secours des corps vieillissants, les accros à la psychothérapie et à la psychanalyse qui sont les béquilles de l'âme, les tenants de la méthode Coué : « Je suis jeune parce que je veux l'être et que je fais comme si... », mais jamais je n'ai rencontré d'homme ou de femme ayant trouvé le bonheur, et encore moins la vraie jeunesse. Tous ces palliatifs parfois rassurants sont incapables de satisfaire les frustrations profondes.

Les plaisirs n'ont pas d'âge

Nous avons parlé des limites de la psychanalyse et de la chirurgie esthétique. S'habiller en midinette, porter à 40 ans les mêmes vêtements que sa fille de 14 ans, considérer la jeunesse comme une parure qu'on enfile à son gré n'est pas non plus la solution : un costume ne suffit pas pour être une fée. Les milliers de candidats à la jeunesse éternelle, victimes de charlatans et des fausses promesses de la publicité et des magazines, perdent leur jeunesse sans rien gagner en retour. Méfions-nous des satisfactions éphémères et des victoires superficielles. Pour que la vie nous aime, nous devons aimer la vie. La respecter. Et l'accepter. Au proverbe « Chaque âge a ses plaisirs », je réponds : « Les plaisirs n'ont pas d'âge. » Surtout, si l'on a su mettre en harmonie sa tête et son ventre. Réconcilier ses deux cerveaux. Ils sont aussi indispensables à tout âge : sans plaisir, nous ne sécrétons plus d'endorphines, les hormones du bien-être. Cette carence en entraîne d'autres, qui à leur tour induisent des dysfonctionnements, non seulement de notre système nerveux cérébral mais aussi de notre système nerveux entérique.

Pour garder sa jeunesse, il faut aller plus loin que les apparences. L'apparence n'est pas tout : les plus grands séducteurs ne sont pas toujours les hommes les plus beaux, Marilyn Monroe a fini par se suicider. Je rencontre des jeunes gens qui semblent bien plus vieux que leurs parents ou même leurs grands-parents, et nous connaissons tous des vieillards qu'on prendrait volontiers pour des gamins. Pourquoi ? Parce qu'ils ont gardé, cultivé, développé leur amour des autres et de la vie. Parce qu'ils ne se sont pas demandé chaque jour, comme la marâtre de Blanche-Neige : « Miroir, dis-moi que je suis la plus belle du royaume. » Au contraire, ils ont choisi délibérément d'être heureux autant qu'il est possible.

Je vous ai longuement expliqué tout au long de ce livre comment préserver la jeunesse de votre ventre, de votre organisme, de votre corps en somme. J'espère vous avoir convaincus que, pour rester jeune, il faut le vouloir et y mettre du sien. Il en va de même avec notre esprit. Être éternellement jeune d'esprit, ou bien s'enfermer dans la solitude et les regrets dépend de vous et seulement de vous. Notre cerveau a besoin d'être sollicité. Il doit éprouver des plaisirs, des chagrins, être confronté à des situations différentes, être ému ou surpris. Images, bien sûr, mais qui reflètent une réalité : si nous nous enfermons, notre cerveau deviendra le prisonnier de nos habitudes. Si nous nous replions sur nous-même, il somnolera. Si nous vivons au ralenti, il perdra son acuité. Lorsqu'on est en bonne santé, rien n'est interdit. Ne vous interdisez rien.

Parlez, communiquez, exprimez-vous

On sait que les gens très introvertis développent plus volontiers des cancers que les autres. Aboutissement extrême d'une situation antinomique avec la nature humaine : l'homme est fait pour s'exprimer, crier, pleurer, rire, c'est même ce qui le différencie fondamentalement de tous les autres êtres vivants.

« Il ne dit jamais rien, c'est un vrai mur... »

« Je le quitte, c'est impossible de parler avec lui... »

« Je ne supporte plus ces repas en famille où personne ne se parle... »

« Je voudrais bien parler à ma fille, mais je ne sais pas quoi lui dire... »

La littérature, les films, les journaux, racontent en permanence ces situations créées par l'absence de communication dans les couples, entre les parents et leurs enfants, avec les voisins... La vie familiale, la vie professionnelle, la vie sociale ne sont pourtant fondées que sur la relation à l'autre. Le silence est proche de l'indifférence.

Pour se faire comprendre il faut parler, tout comme pour comprendre il faut écouter. Il faut exprimer ses pensées, affirmer ses opinions, car communiquer oblige aussi à réfléchir à une situation, à s'intéresser à ce qu'autrui éprouve, à formaliser ses idées pour leur donner un sens, à les verbaliser... Communiquer met en jeu à la fois l'intelligence et la sensibilité, ainsi que tous les mécanismes de la pensée active. Car de la communication naît la relation à l'autre. Il faut être capable de relativiser pour ne pas blesser, trouver les nuances, faire un effort pour éviter les phrases qui ne veulent rien dire ou la violence verbale. Lorsqu'on parle, on se dit soi-même. Nous dévoilons notre nature, notre tempérament, notre niveau de culture ou d'inculture.

Parler, c'est mieux se connaître soi-même

Parler est aussi une manière de mieux se comprendre soi-même. Inutile d'aller voir un psy : votre compagnon, vos enfants, vos amis... quelqu'un saura vous écouter. Parler simplement de ses problèmes est le premier moyen de prendre du recul, et généralement le regard de l'autre est une aide précieuse pour ne pas sombrer dans l'autoflagellation ou le masochisme. Allez vers les autres sans toujours attendre qu'ils fassent le premier pas, vous serez surpris : cette voisine, à laquelle vous n'aviez jamais adressé la parole, deviendra peut-être une amie. Les instituteurs de vos enfants les verront peut-être d'un autre œil si vous savez leur parler d'eux. Tel collègue de bureau sera peut-être plus coopératif si vous êtes capable de lui accorder quelques minutes... La vie est faite de rencontres qui peuvent être stériles ou fertiles, selon que vous choisirez de rester dans votre bulle ou de vous ouvrir au monde.

Minitest : Êtes-vous communicatif ?

• Lorsque vous rencontrez quelqu'un que vous ne connaissez pas, votre premier réflexe est-il de vous dire : « Pourvu qu'il ne s'adresse pas à moi ! » ou d'aller vers lui pour en apprendre plus sur lui ?

• Avez-vous le sentiment de parler de tout avec vos enfants ou évitez-vous les sujets qui fâchent ?

• Parlez-vous de tout avec votre conjoint ou seulement de ce qui concerne la vie quotidienne ?

• Tenez-vous un journal intime ou vous arrive-t-il parfois d'écrire à votre conjoint, à vos enfants, à vos amis, des choses qui vous tiennent à cœur ?

• Avez-vous quelqu'un à qui vous dites absolument tout ?

• Trouvez-vous du plaisir à une conversation ?

• Vous trouve-t-on bavard(e) ou silencieux(se) ?

• Avez-vous déjà spontanément entamé la conversation avec un inconnu ?

• Faites-vous partie des gens auxquels les autres se confient volontiers ?

• Pensez-vous que les autres vous comprennent ou dites-vous qu'ils ne vous connaissent pas vraiment ?

Soyez curieux

La curiosité n'est pas un vilain défaut, c'est une vertu cardinale... si l'on entend par curiosité l'envie de s'intéresser, d'apprendre, de découvrir, d'élargir son horizon.

L'un des pires dangers qui guettent les personnes avançant en âge, au premier rang desquelles les retraités, est de se rétrécir sur un tout petit univers. N'ayant plus d'activité professionnelle, plus de raison de se lever, d'accomplir un certain nombre de tâches, de résoudre des problèmes, de rencontrer d'autres gens, ils allument la télévision et se contentent de cette fenêtre sur le monde. Certes, c'en est une : des informations aux magazines, la télévision permet de se tenir au courant des mouvements du monde et de la société. Mais alors, le risque consiste à n'être plus qu'un témoin passif du monde.

L'absence de curiosité peut se manifester bien plus tôt : nous connaissons tous des jeunes qui ne s'intéressent apparemment à rien. De ces gens qui ont un sujet de prédilection : le foot, une collection, la politique, et ne parlent que de ça. De ces femmes qui papotent, de ces hommes qui rabâchent et paraissent fermés à tout ce qui leur est étranger. Comme s'ils avaient décidé qu'ils n'avaient plus rien à apprendre.

On a toujours quelque chose à apprendre

Parce que l'enfance est l'âge des apprentissages, on se dit que plus on vieillit, moins on a besoin d'apprendre. Objectivement, il est vrai qu'on a généralement acquis, relativement vite, à peu près tout ce dont on a besoin pour vivre, travailler et exercer ses responsabilités. Mais la paresse finit par anesthésier notre cerveau qui a besoin d'apprendre pour pouvoir mémoriser, de s'intéresser pour accroître ses facultés et d'être surpris pour garder sa capacité à réagir. On a souvent comparé le cerveau à un muscle parce qu'il se conduit comme tel : cessez de le faire travailler, il s'atrophiera.

Peu importe, en revanche, l'exercice. Tout est bon pour qu'il fasse preuve de vivacité. Certains reprennent leurs études à 60 ans, d'autres s'inventent un hobby, certains militent dans une association... Toute activité qui nous fait rencontrer des gens nouveaux et des situations inattendues agit comme une vitamine de l'intelligence et de l'adaptation. L'ennui et la léthargie sont les meilleurs moyens de devenir vieux.

Faites des projets

Avoir des projets, c'est avoir un avenir. Ne plus rien attendre, c'est se laisser mourir. La vieillesse est aussi un renoncement. Le pire des renoncements est de renoncer à son propre avenir en n'ayant aucun but dans la vie. Choisissez des buts à votre mesure : inutile de vouloir escalader l'Everest si on n'a jamais vu une montagne de près, mais trouvez chaque jour quelque chose à faire, à préparer, à vouloir. Choisissez vos aventures : elles peuvent être touristiques ou intérieures, sportives ou intellectuelles, culinaires ou manuelles, peu importe, à condition qu'elles vous plaisent. On ne peut réaliser un projet que s'il répond à une envie et si nous attendons un plaisir de sa réussite.

Minitest : Êtes-vous curieux ?

- Avez-vous peur de l'inconnu ?
- Vous arrive-t-il de lire un livre ou de vous renseigner sur un sujet que vous ne connaissez absolument pas mais qui vous intéresse ?
- Allez-vous voir un film qui vous tente dès sa sortie en salle ou attendez-vous qu'il sorte en DVD pour l'acheter ?
- Connaissez-vous tous les quartiers de la ville où vous vivez ?
- Lorsque vous avez un désir, faites-vous tout pour le réaliser ?
- En vacances dans un pays étranger, vous intéressez-vous aux coutumes locales ou restez-vous plutôt sur la plage ?
- Aimez-vous vous déguiser ?
- Chez vous, quand vous faites des travaux, en profitez-vous pour changer de décor ?
- Êtes-vous capable d'envoyer un e-mail et d'écrire un SMS ?
- Comptez-vous spontanément en euros ?

Cultivez vos désirs

Le désir est le sel de l'existence. Sans lui, la vie est morne. Car désirer n'est pas seulement vouloir. Il entre dans le désir à la fois une part de rêve et de sensualité (même s'il ne s'agit pas de désir physique) ; de l'optimisme et le goût du défi, car on souhaite réaliser ses désirs tout en sachant que ce n'est pas toujours possible. Un espoir d'avoir plus, ou mieux, nous fait aller de l'avant. Le désir est un moteur qui nous fait avancer plus vite, plus fort, plus loin. Il faut donc cultiver ses désirs, s'en inventer au besoin, pour lutter contre l'immobilisme et surtout éviter les frustrations. Avoir des désirs, c'est ne pas se fixer d'interdits, ou le moins possible.

Il n'est pas aussi simple qu'on pourrait le croire d'éprouver du désir. On peut le confondre avec l'envie, une forme de gourmandise de la vie, un but à atteindre comme un autre. Mais le désir est plus profond. Il naît du cœur ou de l'âme, dans notre moi profond, et nous montre un chemin. Avoir envie de l'autre n'est pas forcément le désirer. Avoir envie de s'arrêter de fumer ne signifie pas qu'on en a le désir. Un désir ne s'assouvit pas comme une envie pour être aussitôt oublié, il dure parce qu'il est la manifestation d'une motivation profonde.

Choisissez vos désirs

Il faut donc s'interroger sur ses désirs, les reconnaître, les juger, les choisir. Pour autant, le désir n'est pas seulement transcendantal. Certes, il est important de désirer être plus juste, plus humain, plus indulgent, parce que le désir de s'améliorer permet à l'homme de devenir meilleur. Mais on peut avoir des désirs plus simples, avancer à petits pas. La satisfaction qu'on éprouve à réaliser un de ses désirs libère des endorphines, procure du bien-être, apaise. On demandait autrefois aux scouts d'accomplir chaque jour une bonne action. Ainsi, de petit geste quotidien en petit geste quotidien, leur inculquait-on le désir de devenir finalement meilleurs. Un grand désir peut s'exprimer par petites touches, comme un grand dessein peut demander toute une vie pour s'accomplir.

Il est parfois difficile, quand on mène une vie trépidante, de chercher au fond de soi ses vrais désirs et de s'atteler à les réaliser. Car cela demande un peu d'introspection et de réflexion sur soi-même, beaucoup de volonté et la capacité de se remettre en cause. Un désir dont on prend conscience peut être dérangeant, nous conduire à changer certaines choses dans nos vies. Le désir ne supporte pas la paresse.

En revanche, savoir désirer est à coup sûr une des qualités de la vraie jeunesse, car lorsqu'on ne désire plus rien, on est proche de la mort.

Minitest : Savez-vous désirer ?

• Pouvez-vous citer trois de vos envies et trois de vos désirs ?

• Dites-vous : « J'ai envie d'avoir un enfant » ou « Je désire avoir un enfant » ?

• Employez-vous souvent le mot désir ?

• L'instinct de survie est-il le signe de l'envie de vivre ou du désir de vivre ?

• Vous arrive-t-il de désirer changer un de vos traits de caractère ?

• Vous trouvez-vous désirable ?

• Peut-on éprouver du désir à tous les âges de la vie ?

• Avez-vous accompli certains de vos désirs ?

• Peut-on désirer sans aimer ?

• Le désir est-il un signe de bonne santé mentale ?

Ne vous résignez jamais sans raison

Il faut parfois savoir se résigner, mais jamais sans raison. La vieillesse, je l'ai dit, est un renoncement. On vieillit parce qu'on n'a pas le courage de s'entretenir, de mener une vie saine, de faire un peu de sport... On se laisse aller, et le corps se venge, les cellules s'oxydent, fabriquent des radicaux libres, et le cortège des signes du vieillissement marque la peau, le visage, la silhouette. L'enchaînement de désordres physiques qui conduit irrémédiablement aux signes extérieurs de vieillesse est très exactement parallèle à la somme de nos petits et grands renoncements.

Or ces renoncements du corps correspondent toujours à un relâchement de l'esprit. On accepte ses propres faiblesses, on s'y habitue, on se dit qu'on verra demain, ou plus tard... En perdant son énergie vitale, en diminuant ses défenses immunitaires, on sécrète moins de sérotonine, moins d'endorphines, on est plus sensible aux stress, à la fatigue, aux chutes de moral.

La jeunesse ne se conquiert pas à coups de petites ou grandes lâchetés, elle demande un peu d'opiniâtreté et de courage. Pour rester jeune, il ne faut pas renoncer par paresse à tout ce qui fait la jeunesse. Le dynamisme, le goût d'entreprendre, la foi en soi et en sa réussite.

Il faut aussi s'aimer et se respecter soi-même : c'est le meilleur moyen de rester en forme. Si vous acceptez d'être un peu plus fatigué, un peu plus gros, un peu plus moche, un peu plus acariâtre, vous deviendrez vite très fatigué, très gros, etc. Ceux qui se disent : « Après tout, j'ai bien le droit à mon âge ! », sous-entendant le droit de faire moins d'efforts, de se pardonner leurs paresses, leurs excès, leurs négligences, ceux-là ont déjà perdu leur jeunesse et ils auront bientôt le visage et le caractère de Tatie Danièle.

La jeunesse est une manière d'être et un état d'esprit. Elle n'a pas de fin programmée. Prendre de l'âge peut signifier aussi gagner en liberté, en expérience, en bien-être.

Minitest : Êtes-vous un résigné ou un battant ?

• Dites-vous souvent : « À quoi bon ? »

• Prenez-vous systématiquement l'ascenseur, même pour deux étages ?

• Allez-vous jusqu'au parking, ou vous garez-vous en double file lorsque vous avez une course à faire ?

• Tenez-vous au moins une des bonnes résolutions que vous prenez pendant les vacances ?

• Préférez-vous partir plutôt que de vous expliquer ?

• Lorsqu'on vous donne un traitement médical, le suivez-vous pendant la durée prescrite ou l'arrêtez-vous dès que vous vous sentez mieux ?

• Lorsque vous prenez un kilo, le reperdez-vous tout de suite ou attendez-vous d'en avoir pris trois ou quatre pour réagir ?

• Avez-vous le sentiment d'avoir réalisé quelques-uns de vos rêves de jeunesse ?

• Quand vous avez un projet, êtes-vous du genre obstiné ou laissez-vous volontiers tomber ?

• Diriez-vous de vous-même que vous avez de l'ambition ?

Une âme d'enfant

D'*Amélie Poulain*, figure de proue de l'altruisme et des bons sentiments, au succès des *Choristes* en passant par le déferlement de générosité qui a accompagné le tsunami en Asie du Sud-Est, on s'aperçoit que jamais les hommes n'ont autant exprimé leur besoin de croire et d'aimer, de s'intéresser aux autres, de dépasser le matérialisme quotidien pour redécouvrir les valeurs spirituelles. Même les stars d'Hollywood étudient la Kabbale !

C'est un des besoins fondamentaux de l'homme que de rechercher quelque chose qui le dépasse. S'il a un esprit, il a aussi une âme qui est un trait d'union avec autre chose, que l'on ne voit pas mais qui existe. Nous avons besoin de foi.

Pendant des siècles, la religion a mis les âmes en coupe réglée. La foi était calibrée, Dieu était l'alpha et l'oméga, il n'était pas question d'aller voir ailleurs. L'Église a eu ses saints, ses martyrs, ses héros, ses victimes, la saga était magnifique, bien que violente. L'Inquisition veillait à restreindre la liberté de pensée des fidèles. Toutes les religions se ressemblent : le dogme est la loi, quiconque s'en écarte est voué à l'enfer.

La liberté revenue, l'homme s'est retrouvé face à ses choix. Croire ne suffit pas : il faut savoir en quoi on veut croire. Du néo-nazisme aux sectes, les faux gourous en tout genre attirent les faibles, les malheureux, les exclus.

Aujourd'hui, chacun peut choisir ses valeurs et l'on découvre qu'elles sont les mêmes qu'il y a quelques siècles. Elles ont pour noms générosité, altruisme, don de soi, engagement... Il n'est pas nécessaire d'être un héros pour être un juste, mais il n'est pas possible d'être heureux si l'on ne croit en rien. Il n'est pas nécessaire d'entreprendre des actions d'éclat pour mettre son âme en correspondance avec sa part d'humanité, il suffit de respecter les autres tout autant que soi-même. Il suffit d'aimer, parfois de chanter, d'être responsable de quelqu'un ou de quelque chose comme le Petit Prince était responsable de sa rose, sans y être obligé. Il suffit de garder son âme d'enfant.

L'amour, toujours l'amour

Quelle est la seule thérapie au monde capable d'apporter en même temps le bonheur et la santé ? Réponse : l'amour. Le sexe, évidemment, mais pas seulement. Toutes ces sortes d'amour qu'on nomme amitié, tendresse, affection, bienveillance, bref tous ces sentiments d'empathie qui sont la forme la plus aboutie de la communication entre humains. Ces sentiments calment nos angoisses, renforcent nos défenses immunitaires, prolongent notre espérance de vie, nous rendent plus sociables, plus généreux. L'amour est un médicament miracle. Il guérit à peu près tout et nous rend meilleurs. Il a fallu 2 000 ans pour s'en souvenir.

Deux millénaires d'obscurantisme

Quelques centaines d'années avant notre ère, les Grecs, qui vénéraient Éros, le dieu de l'Amour, faisaient l'amour en toute innocence, au vu et au su de tout le monde, lorsqu'ils en avaient envie, comme ils en avaient envie et avec qui ils voulaient. Hétérosexualité et homosexualité faisaient bon ménage du côté d'Athènes, Thèbes et Sparte. Sans Platon, funeste inventeur de l'amour platonique, les humains auraient eu bien moins de problèmes. Mais le célèbre philosophe imposa l'idée selon laquelle le corps et l'esprit sont de nature opposée et que, si l'on s'occupe de l'un, on ne peut élever l'autre vers les sommets de la pensée et de la philosophie... En un mot : l'amour ne rend pas intelligent. Les Églises lui emboîtèrent le pas et n'eurent de cesse de brimer les corps pour mieux dominer les esprits. L'amour servait à la procréation, en tirer du plaisir était un péché. Plus tard, les hommes virent bien les avantages qu'ils pouvaient en tirer : ils eurent des maîtresses, leurs femmes beaucoup d'enfants, victimes expiatoires à la fois de leurs croyances et de leurs époux. Largement aidés, il faut le dire, par la peur des maladies vénériennes en général et de la syphilis en particulier.

Il fallut attendre la fin du XXe siècle pour que la pilule, puis la loi de Simone Veil sur l'avortement, rendent aux femmes un début de liberté. N'oublions pas que le pape actuel est toujours obstinément opposé à toute forme de contraception autre que naturelle, ce qui, avouons-le, n'est pas la meilleure garantie d'une sexualité épanouie. De plus, il y aurait fort à dire sur la place des femmes dans les civilisations africaines et musulmanes. Nous pensons avoir enfin, après deux millénaires d'obscurantisme, trouvé la liberté, mais la culpabilité n'est pas morte. Consciemment ou inconsciemment, nos contemporains ont souvent du mal à s'épanouir sexuellement. Il suffit pour s'en convaincre de lire les mille et un articles consacrés au sujet dans toute la presse. Et le consensus se fait au moins sur un point : on n'en parle pas. La

« misère sexuelle » des couples est donc un phénomène de société qu'il est urgent de ne pas exposer au grand jour. Les victimes : hommes en panne d'érection, femmes frustrées, jeunes complexés, couples à la dérive, se taisent et supportent. Les tabous laissent des traces.

La molécule de l'amour

Depuis une bonne dizaine d'années, des équipes de chercheurs dans de nombreux pays apportent de plus en plus de preuves d'une réalité désormais incontournable : l'amour est bon pour la santé et pour le moral. Et avec lui, toutes les relations humaines empreintes de chaleur, de sentiments, d'échanges et d'émotions partagées.

On a ainsi découvert la molécule de l'amour. Appelée ocytocyne, c'est elle qui déclenche la sensation de plaisir liée à l'orgasme. Mais elle a bien d'autres rôles puisqu'elle favorise les contractions pendant l'accouchement, intervient dans le lien qui se crée entre une mère et son enfant pendant la tétée, aide les hommes et les femmes à reconnaître ceux qu'ils aiment et à leur rester fidèles. Si on injecte de l'ocytocyne dans le cerveau d'un rat, il devient monogame !

On peut mourir par manque d'amour

L'amour nous est aussi indispensable que l'air que nous respirons. Les biologistes et les psychiatres le savent depuis longtemps. Privé d'amour dans son très jeune âge, un enfant souffrira toute sa vie de carences affectives, de difficultés relationnelles, fera preuve de timidité maladive ou de comportements violents. Sans aucune forme d'amour, les humains ne sont pas seulement malheureux, ils perdent pied. « Sans émotions, nous développons des maladies psychiques », écrit Daniel Marcelli, professeur de psychiatrie de l'enfant [1]. Nous développons aussi des comportements aberrants ou morbides. On connaît ceux qui reportent tout l'amour dont ils sont capables sur un animal, ceux qui parlent tout seuls, développent des psychoses, appellent SOS Médecins toutes les nuits... Les grandes villes ont toutes leur lot de solitaires. Le manque d'échanges avec les autres rend fou et on retrouve les personnes en crise dans les services d'urgence des hôpitaux.

1. Cité dans le dossier « L'amour est bon pour la santé », publié dans *L'Express*, 16-22 août 2004. Dans *La Surprise : chatouille de l'âme*, Albin Michel.

Le corps ne s'use que si l'on ne s'en sert pas

Faire l'amour met en jeu à la fois le corps et l'esprit. Aucune activité ne déclenche autant d'hormones, ne stimule la sécrétion d'autant de neurotransmetteurs « positifs » (la dopamine, la sérotonine, qui déclenchent les endorphines), n'excite à ce point le septum (centre de l'orgasme mais aussi de nos relations aux autres), n'harmonise autant nos deux cerveaux. On découvre d'ailleurs tous les jours les bienfaits de l'amour sur notre santé.

Des urologues estiment qu'un homme ayant régulièrement des orgasmes a moins de chances de développer un cancer de la prostate.

Le taux de mortalité des gens mariés est inférieur au taux de mortalité des célibataires.

Une étude anglaise, publiée en 2000 dans le *British Medical Journal*, estime que ceux dont la vie sexuelle est satisfaisante présentent moins de diabètes, moins d'hypertensions et moins de maladies cardio-vasculaires.

L'ocytocine étant un puissant agent antistress, les relations sexuelles, et plus largement les relations affectives et sociales, agissent à la fois sur nos organes et nos humeurs. Cela augmente nos défenses immunitaires.

Faire l'amour, acte qui après tout est une activité physique, prévient l'accumulation des graisses et favorise l'élimination des toxines.

On estime aujourd'hui que faire l'amour régulièrement et avec plaisir augmente l'espérance de vie d'une bonne dizaine d'années.

Bref, l'amour physique comme l'amour des autres nous préservent d'à peu près toutes les maladies.

Pourtant, jamais les difficultés sexuelles n'ont été aussi présentes, non seulement chez les seniors mais aussi chez les jeunes couples.

L'amour en panne

Les généralistes, les sociologues, les sexologues, les psys tirent depuis longtemps la sonnette d'alarme : de plus en plus de couples avouent une vie sexuelle inexistante ou sans attrait et, lorsqu'on sait à quel point il est difficile de parler de ces « choses », on imagine le nombre de nos contemporains insatisfaits et inassouvis.

Un idéal de couple

Une équipe de l'Inserm, conduite par Alain Giami, directeur de recherche, et Marie-Ange Schiltz, a récemment publié les résultats d'une enquête réalisée auprès de jeunes de 18 à 22 ans, intitulée « L'expérience de la sexualité chez les jeunes adultes. Entre errance et conjugalité ».

Puisque la société paraît avoir jeté par-dessus les moulins tous les tabous de la sexualité, alors qu'on n'a jamais vendu autant de médicaments garantissant des érections à la demande, alors qu'on parle ouvertement d'échangisme, de partouzes et de pratiques sadomasochistes, les chercheurs s'attendaient à découvrir une grande fête du sexe. Ils n'ont trouvé que conformisme et banalité. « Le couple, écrivent-ils, a été placé au cœur des aspirations sexuelles, il est devenu le lieu de la vie érotique. Les pratiques du bordel se sont glissées dans le lit conjugal. »

À cet âge, remarquent les sociologues, on ne veut pas se laisser enfermer dans une relation étouffante, on a envie de se découvrir soi-même et de découvrir l'autre, on vit donc une période d'errance. Mais dans cette errance surnage l'idéal du couple et de la conjugalité. Les jeunes femmes vivent des aventures comme un programme de développement personnel en rêvant de celui qui leur passera la bague au doigt. Les garçons papillonnent en attendant de trouver l'âme sœur. Rien que de très banal, il est vrai, mais, après tout, découvrir que le désir de couple n'est pas mort n'est pas forcément une mauvaise nouvelle. Reste à savoir pourquoi si peu de ces couples parviennent aujourd'hui à maturité.

Le grand air de la séduction

Avant toute aventure amoureuse se joue le grand air de la séduction et sa finalité est généralement la conquête sexuelle. L'envie de plaire fait appel à tous les sens. La vue, le toucher, l'odorat, l'ouïe, le goût, interviennent ensemble ou séparément, simultanément ou alternativement, pour nous attirer vers l'autre ou tenter de le séduire. Dans ce domaine, l'imagination n'a pas de limites et l'exacerbation des sens est sans fin. Mi-inconsciente mi-volontaire, la séduction met en alerte à la fois et le corps et l'esprit, et les trésors de charme que nous déployons mobilisent aussi notre intelligence et notre volonté pour parvenir à nos fins. Si l'on peut imaginer que la volonté de plaire tire son origine du besoin de l'espèce de se renouveler, l'espèce humaine a transformé en rite sophistiqué les pulsions animales primaires. Plaire est ainsi devenu à la fois un besoin et un art subtil qui met en jeu toutes les ressources de l'être humain. C'est à la fois un plaisir intense et intérieur que de réussir une conquête, mais c'est aussi le pas le plus abouti du chemin que nous pouvons faire vers un autre. En ce sens, aimer et vouloir séduire, tout comme accepter d'être séduit, est une des démarches les plus positives que nous puissions entreprendre à tout âge. Car il n'y a pas d'âge pour aimer séduire et être séduit.

Les hommes ne se sentent plus à la hauteur

Les femmes sont moins sujettes que les hommes aux chutes brutales de la libido. Il est vrai qu'elles peuvent simuler l'extase, ce qui n'est pas le cas de leurs partenaires, et qu'elles sont souvent plus fatalistes. Il n'empêche : beaucoup se plaignent en secret du manque de performances de leur compagnon. Et l'augmentation du volume de ventes du Viagra et de ses semblables montre que le mâle moderne affronte un problème suffisamment répandu pour être inquiétant. Il est plusieurs façons de l'expliquer.

Selon le sociologue Jean-Claude Kaufmann, il serait devenu bien difficile aux hommes de prouver leur virilité dans un monde soumis à un stress permanent où « il faut tout réussir, même ses vacances », et tout évaluer, surtout ses performances. « Dans 86 % des cas, écrit-il, l'influence du stress se traduit par une baisse de la fréquence des rapports sexuels et une atténuation du désir. »

Les stress, il faut le dire, ne manquent pas. De leurs compagnes qui les guettent sans indulgence aux problèmes professionnels, en passant par la peur de perdre leur image, les hommes d'aujourd'hui ont souvent tendance à jeter l'éponge. Sans compter les films pornographiques diffusés en permanence à la télévision, qui servent souvent de cours d'éducation sexuelle aux très jeunes gens, au risque de les décourager définitivement.

Si aucun des deux ne réagit, la situation se prolonge, la « panne » devient chronique et alimente le stress. Cercle vicieux.

L'amour se cultive

Timidité, angoisse d'être mal jugé, peur de ne pas réussir sont, dans 99 % des cas, les vraies raisons des difficultés d'érection de l'homme.

Leurs compagnes ont leur rôle à jouer, bien qu'elles n'y pensent pas, à moins qu'elles n'osent pas. Les caresses, la tendresse, les jeux érotiques sont le premier pas vers une sensualité épanouie. Si elles aiment leur homme, si elles souffrent de ne plus faire l'amour, c'est à elles de lui redonner confiance, et si ça ne marche pas la première fois, ça marchera la deuxième ou la troisième. En attendant, elles retrouveront un vrai plaisir.

Car *les formes du plaisir sont multiples*. Pourquoi tout fonder sur la pénétration ? Pourquoi imaginer que toute autre forme d'amour est incomplète ? C'est faire bien peu de cas de la sensualité qui elle aussi peut conduire à l'orgasme.

Vous connaissez votre partenaire, ses zones érogènes, ses fantasmes, ses plaisirs, l'amour est un jeu qui se joue à deux et ne peut se satisfaire de passivité. C'est aussi un jeu de complicité où les problèmes de l'un viennent souvent un peu de l'autre. Soyez imaginatifs et... amoureux, l'amour vous reviendra.

L'amour ne va pas de soi

L'amour s'accommode mal de la passivité et il est dangereux de penser que tout amour est acquis pour la vie. Si les Français, dans leur grande majorité, rêvent du couple idéal, celui qui traversera sans encombre toute une vie, ils se séparent de plus en plus souvent, et de plus en plus vite.

L'une des raisons de la multiplication des divorces est sans doute le manque d'indulgence et de patience qui conduit, à la première dispute, à répondre : « Si tu n'es pas content(e), je m'en vais », et à prendre ses cliques et ses claques au moindre différend. Quitte à regretter ensuite sa décision. Pour qu'un couple dure, il faut lui faire confiance, vouloir le préserver, vivre en état d'alerte permanent. L'amour s'entretient. Prenez du temps à deux, pensez à l'autre, écrivez des petits mots d'amour, apportez des fleurs, soyez attentif, écoutez l'autre et sachez ne pas lui en vouloir. L'amour n'est pas gagné d'avance mais il se gagne tous les jours.

L'amour est bon pour le moral

Comme le cerveau des drogués, le cerveau des amoureux fabrique en grande quantité de la dopamine, le neuromessager de l'euphorie et du bonheur. Aimer, s'attacher, jouer de toute la gamme des émotions favorise le développement du système nerveux. Il paraît même que l'amour rend intelligent car il favorise la production d'adrénaline et de cortisol, les deux stimulants de la matière grise.

La chimie de l'amour

N'en déplaise aux romantiques, il existe bel et bien une chimie de l'amour et plusieurs équipes de recherche ont réussi à identifier ce qui se passe dans le cerveau lors du fameux coup de foudre. Chez les amoureux, les circuits neuronaux associés au sens critique et au jugement social sont tellement dopés à la dopamine qu'ils sont anesthésiés, ce qui leur évite au passage de voir les défauts de l'être aimé. Belle illustration de l'adage : « L'amour est aveugle. »

Évidemment, cet état n'a qu'un temps et, au bout de quelques semaines, le taux de dopamine a tendance à revenir à la normale, si bien que l'amour passion du début prend des allures plus conventionnelles et moins euphoriques. Certains amoureux préfèrent passer à autre chose. À la recherche de ces sensations fortes, ils préfèrent changer de partenaire lorsque la mer redevient étale. C'est le syndrome de don Juan, toujours en quête de nouvelles aventures.

La nature ayant bien fait les choses, la plupart des couples trouvent un autre mode de relation, moins passionnel mais plus profond. Une fois encore, ils sont aidés par la très particulière chimie de l'amour.

La pulsion du désir naît d'une sécrétion de testostérone (hormone sécrétée par les testicules masculins mais aussi par les ovaires féminins) qui stimule, par l'intermédiaire de neurotransmetteurs, une zone très particulière du cerveau appelée le septum. Centre de l'orgasme, le septum est aussi le siège de la libido, de la reconnaissance des visages, de la satisfaction liée à l'assouvissement de besoins vitaux comme celui de se nourrir. Il est donc le siège à la fois du plaisir et de la sociabilité.

Quant à la fidélité, à la durée des sentiments, elle est due à la production d'ocytocine, elle aussi liée à la reconnaissance des visages, de l'environnement familier, et donc à l'attachement qui pousse les mères vers leurs enfants.

L'amour nous rend meilleur

C'est ainsi que l'amour nous rend meilleur. Plus nous allons vers les autres, plus nous communiquons, plus nous aimons, plus l'amour grandit. Ce qui rend service non seulement à nous-même mais à la communauté tout entière.

À lire les résultats de ces recherches, à pénétrer de plus en plus avant dans les mécanismes de la biologie amoureuse et de la chimie des sentiments, certains regretteront que l'amour perde un peu de son mystère. Mais en est-il vraiment ainsi ? S'il suffisait de quelques hormones pour que l'humanité dans son ensemble devienne aimante, pour que les conflits disparaissent et que le bonheur règne sur terre, on le saurait déjà.

Reste notre libre arbitre. La part inaliénable en chacun de nous de liberté et de maîtrise de son propre destin. Nous sommes programmés, peut-être, pour aimer et être heureux. Mais nous devons vouloir aimer pour aimer. Il est toujours bon de savoir qu'on a le choix. Cela rend juste important de faire le bon choix.

Les 7 âges de la vie

De l'instant où nous naissons à celui où nous mourons, notre vie se déroule, les jours s'enchaînent aux jours. Et même si cela semble paradoxal, nous n'en avons pas vraiment conscience. Nous nous rappelons des dates, nous nous situons dans le temps, nous sommes capables de dire : « C'était en telle année », mais le glissement continu qui de la jeunesse nous conduit vers la vieillesse, nous ne le percevons pas. En réalité, nous ne sentons pas physiquement le temps passer. Parfois, reprenant une ancienne photo, nous contemplons avec étonnement celui ou celle que nous étions il y a dix ou quinze ans et prenons soudain la mesure des changements. Nous ne sommes plus le même et nous ne le savions pas. Encore ne s'agit-il que de changements visibles à l'œil nu ! Lorsqu'on est jeune, il est pratiquement impossible de se projeter dans l'avenir, au couchant de sa vie, et de visualiser le senior que l'on deviendra. La vieillesse est une transformation silencieuse, insidieuse. Si nous n'y prenons garde, elle nous tombera dessus sans prévenir alors que nous nous croyions encore invincibles.

Mais personne n'est immunisé contre le vieillissement et la politique de l'autruche est en l'occurrence la politique du pire. L'heure est à la prévention, ça tombe bien : on peut prévenir, ou au moins retarder la vieillesse. À condition de s'y préparer.

De l'enfance à l'adolescence, le rôle des parents est primordial. Ensuite, nous sommes les maîtres de notre destin. La jeunesse n'est naturelle que pendant un temps. Elle devient, au fil des années, affaire de volonté, de courage et de discipline, ces trois vertus indispensables à qui veut se prendre en charge. Si la vieillesse, nous l'avons dit, est un renoncement, il faut entrer dans la résistance et y entrer le plus tôt possible. Comme une maison est plus solide si ses fondations sont bien faites, la réussite sera plus éclatante et l'on vivra une vie plus intense si l'on a, tout au long de sa vie, étayé les bases de l'étape suivante.

L'harmonie du ventre et du cerveau est évidemment le fondement de toute stratégie antivieillesse. Elle est indispensable à tous les âges, à tous les moments de la vie. La jeunesse est un capital qu'il ne faut pas dilapider. Bien qu'il y ait une session de rattrapage, bien qu'il ne soit jamais vraiment trop tard, un effort constant, qui peu à peu devient naturel, est plus facile à assumer. Il est plus cohérent de prolonger sa jeunesse que de lui courir après lorsqu'on l'a laissée s'échapper.

La jeunesse est un état dont on connaît les mécanismes biologiques, fonctionnels, psychologiques. Déjà, elle dure bien plus longtemps qu'autrefois. Qui eût cru, il y a cent ans, que l'on vivrait pratiquement un siècle, que l'on aurait, à 40 ans, la même silhouette qu'à 20 ans, et que les 50-60 ans se lanceraient dans des aventures qu'un jeune n'ose pas toujours tenter, qu'il s'agisse de passer son bac ou de refaire sa vie ? Cette espérance d'une vie plus longue rend prioritaire la recherche d'une qualité de vie qui se prolonge elle aussi dans le temps.

Chaque âge a ses plaisirs, chaque âge a ses dangers. La jeunesse est là, on a peur de la perdre, on fait tout pour la garder. C'est possible. À condition de préparer, à chaque étape, l'étape suivante. Alors, de 0 à 100 ans, la jeunesse sera, si vous le souhaitez, votre seconde nature.

De 0 à 10 ans : armez-les pour la vie

C'est dans la petite enfance que se construisent toutes les bases de l'adulte de demain : sa santé d'abord, mais aussi sa capacité à s'adapter, son intelligence, sa faculté d'aimer et d'être aimé.

Enfants sans amour, enfants déracinés, enfants privés de nourriture dans des camps de réfugiés, enfants africains orphelins de parents sidéens, enfants de pays riches livrés à eux-mêmes entre la télévision et un réfrigérateur rempli de sucreries... Tous auront un jour à lutter contre le mal de vivre et la maladie. Accordons à nos enfants l'amour et l'attention qu'ils méritent, c'est notre devoir de parents. Comme c'est pour les parents la plus belle des récompenses et un plaisir intense que de les voir grandir et s'épanouir.

Il faut une énergie fantastique pour développer en quelques années son squelette, ses organes, ses muscles, et en même temps apprendre à marcher, à parler, à lire, à écrire, à se tenir en société. De sa conception à une dizaine d'années, l'enfant dépend de ses parents et d'eux seuls. Ils sont à la fois les garants de sa santé physique et mentale et de son éducation et son modèle absolu.

On parle beaucoup de la liberté des enfants. On dit qu'il faut les responsabiliser, ne pas être toujours sur leur dos, ne rien leur interdire, ou si peu... Qu'ils peuvent se débrouiller et que cette liberté précoce fera d'eux des adultes autonomes. On dit, dans les écoles, qu'il est bien difficile d'enseigner aux enfants d'aujourd'hui, qu'on ne peut plus leur donner trop de devoirs ou de leçons. Ils ne le supporteraient pas, ou tout simplement ils ne les feraient pas.

On voit des enfants mal élevés, c'est-à-dire perdus, incapables de trouver leur place face au monde des adultes.

On voit des enfants obèses, mal dans leur peau, malheureux, dont personne ne songe qu'il est urgent de les soigner.

On voit des enfants violents qui frappent leurs professeurs ou cognent leurs parents.

On voit des enfants qui ne sont plus des enfants fumer à 13 ans dans des boîtes de nuit.

Le monde change ? Certainement. Les mœurs évoluent ? C'est normal. Mais les enfants restent des enfants et s'ils ne vont pas bien, s'ils sont perturbés, malades, « insupportables », c'est probablement que leurs parents n'ont pas joué leur rôle.

Il faut savoir devenir un parent

Tordons d'entrée le cou au discours désormais inutile sur les divorces trop nombreux, les familles décomposées, puis recomposées, les enfants plus vieux que leur oncle ou leur tante, les pères qui ont l'âge d'être grands-pères, et, depuis peu, les mères qui ont l'âge d'être grand-mères, le travail des unes, le chômage des autres... C'est ainsi, et nous ne referons pas la société. Je crois qu'aucune situation n'empêche d'être un bon parent si l'on n'est ni très malade, ni SDF, ni drogué. Dans tous les cas, amour, bon sens et responsabilité font plus et mieux que tout le reste. Il entre dans une certaine façon de ne pas élever ses enfants beaucoup de paresse, de négligence, d'infantilisme en somme. Mais on ne peut se permettre d'être un enfant lorsqu'on en a un. Il faut savoir devenir un parent. Admettre que, du jour où l'enfant existe, on n'est plus un couple mais un trio. Ou au moins deux dans les familles monoparentales qui sont de plus en plus nombreuses. En somme, rien ne sera plus jamais pareil, quoi qu'on en pense.

Il est bien vu de proclamer qu'on a su préserver en soi une part d'enfance. À force de refuser de vieillir, bien des adultes d'aujourd'hui ne savent plus grandir. Ce faisant, ils gâchent les premières années de leurs enfants qu'ils sont pourtant sûrs d'aimer à la folie. Folie est le mot, car il est fou d'imaginer que l'enfance n'a pas besoin de soins, que les enfants « poussent » naturellement, qu'ils acquièrent par l'opération du Saint-Esprit le savoir et le savoir-vivre. Un enfant s'élève, et l'on voit bien dans ce terme, qu'on emploie généralement sans réfléchir, que l'éducation vise non seulement à nourrir et à habiller les enfants, à veiller à leur santé, etc., mais aussi à fortifier leur intelligence, leur cœur, leur âme.

Le métier de parent est un métier formidable mais difficile. En voici quelques clefs.

Préparez sa venue

La contraception et la légalisation de l'avortement n'ont pas résolu tous les problèmes. Néanmoins, on peut estimer qu'il naît aujourd'hui moins d'enfants non désirés qu'autrefois.

Désirée ou non, la venue d'un enfant se prépare, et plus la future mère vit sereinement sa grossesse, mieux l'enfant se portera.

Avant : cessez de fumer

S'il n'est qu'une recommandation à faire aux femmes enceintes, c'est bien d'arrêter le tabac. Si la mère fume, l'enfant fume, et les risques sont considérables : accouchement prématuré, bébé de petit poids, donc plus fragile, et surtout doté de moins de défenses immunitaires, donc plus sensible aux infections et aux maladies. L'idéal est d'arrêter le tabac avant même d'être enceinte, lorsque vous prenez la décision d'avoir un enfant.

Pendant : prenez soin de vous

Dans notre société où les familles nombreuses font figure d'incongruité et où l'on se demande sérieusement si nous arriverons à nous renouveler, la Sécurité sociale et un corps médical aux petits soins font tout pour que les grossesses se passent bien. Échographies, examens, congés. Techniquement, toutes les conditions sont réunies pour que chaque grossesse soit une réussite.

Reposez-vous, profitez des moments que la loi vous offre, détendez-vous, nourrissez-vous correctement. On sait que, dans le ventre de sa mère, le fœtus perçoit non seulement les bruits, notamment sa voix, mais ses sentiments et ses émotions.

• *Ne buvez pas, ne vous droguez pas :* la responsabilité des mamans commence là, pendant ces mois où l'enfant, dans leur ventre, passe du stade d'embryon à l'état de bébé et absorbe littéralement ce qu'absorbe sa maman.

• *Ne mangez pas exagérément* (vous mettriez trop de temps à reperdre les kilos superflus) et ne mangez pas n'importe quoi. Outre que la mère et l'enfant ont tous deux besoin de vitamines, on a découvert que le goût se forme chez le fœtus dès le quatrième mois. Le célèbre psychiatre Boris Cyrulnik a même prouvé que les nouveau-nés marseillais dont la mère enceinte avait consommé de l'ail manifestaient du plaisir devant une tétine parfumée à l'ail ! Il n'est donc jamais trop tôt pour éduquer son goût.

• *Les pères aussi ont leur part de responsabilité.* Si l'on admet, ce que tous les médecins reconnaissent aujourd'hui, que l'embryon est bien plus qu'un amas de cellules qui, peu à peu, prennent forme, si l'haptonomie (voir p. 138) a trouvé des adeptes, si certains font écouter la musique de Bach aux femmes enceintes en espérant qu'elles accoucheront d'un mélomane, on peut en sourire. Mais il est raisonnable de penser que l'harmonie du couple et l'intérêt du père pour son futur enfant sont des facteurs essentiels pour que la femme ait une grossesse épanouie dont bénéficiera le bébé à venir. Le stress, l'angoisse, la tristesse, se transmettent aussi de la mère à l'enfant à naître.

De nombreux ouvrages très bien faits apportent des conseils précieux aux femmes enceintes et elles peuvent y trouver les réponses à toutes les questions qu'elles se posent. J'aimerais seulement, au risque de déplaire, tirer une sonnette d'alarme contre une mode qui, si elle arrange les parents et parfois les médecins, me paraît dangereuse, autant physiquement que psychologiquement : celle des accouchements programmés qui représentent aujourd'hui un accouchement sur cinq. Si la grossesse dure en principe neuf mois, c'est que la nature a ses lois. Décider qu'on accouchera le vendredi (parce que le père ne travaille pas pendant le week-end, et que l'accoucheur a justement prévu de partir à la chasse !), provoquer la naissance artificiellement le jour (surtout pas la nuit !) et à l'heure qu'on a choisis sans tenir aucun compte du bébé, est non seulement antinaturel, mais dénote aussi un état d'esprit fort éloigné de ce qu'on attend de jeunes parents. Si on ne supporte pas d'être un peu « dérangé » par une naissance qu'on est supposé attendre dans la joie, qu'en sera-t-il dans les années à venir, quand s'accumuleront les biberons, les couches, les bains, les repas, sans compter les quarante de fièvre qui vous feront passer des nuits blanches !

Baby-blues

On l'appelle le baby-blues... Et elle n'est pas négligeable cette forme de dépression qui atteint plus de 10 % des jeunes mères après leur accouchement. Quelles qu'en soient les raisons, qui peuvent être multiples, il ne faut surtout pas l'ignorer. Cet état dépressif a forcément des conséquences pour l'enfant. Négligé par sa mère qui a tendance à reporter sur lui son angoisse, l'enfant devient nerveux, pleure fréquemment, irritant plus encore une jeune femme fatiguée, stressée, qui se sent incapable de le prendre en charge, qui culpabilise... et s'enferme plus encore dans ses difficultés.

Les trois premiers mois de la vie d'un enfant sont déterminants. Un exemple ? C'est grâce aux baisers, aux caresses, aux massages de sa mère que se met en place dans le cerveau du bébé le récepteur de l'ocytocine, cette hormone qui est à la fois celle du plaisir, du lien maternel et du désir de rester avec celui qui nous fait du bien. C'est par des contacts d'amour que naît, dans les premières semaines de la vie, le plaisir de l'amour. Il est donc essentiel que le lien mère-enfant ne soit pas coupé.

Il faut aider les jeunes mères atteintes du baby-blues, leur conseiller de consulter leur médecin, les entourer. Il faudrait même, dit le Pr Maurice Tubiana, envisager un dépistage des mamans à risque dès le quatrième mois de grossesse.

Il faut en tout cas ne pas prendre pour une simple fatigue ce qui est un syndrome beaucoup plus profond et ne jamais traiter à la légère les dépressions postnatales.

Rien ne vaut le lait maternel

Si on pousse aujourd'hui, dans toutes les cliniques et tous les hôpitaux, les femmes à allaiter, c'est parce que toutes les études montrent que le lait maternel est l'exacte nourriture dont le nourrisson a besoin. On aurait pu s'en douter, puisque la nature l'a voulu ainsi. On en a maintenant la preuve scientifique.

Nourriture idéale, facile à digérer, le lait maternel contient du colostrum, riche en anticorps, et un sérum, le lactosérum, antiallergique et très digeste, car il contient un sucre qui accélère le transit intestinal. Il protège donc le nourrisson contre les agressions, en particulier les infections et les allergies. Le nouveau-né qui a vécu neuf mois dans un milieu stérile est, dès sa naissance, contaminé par des germes qui viennent ensemencer son tube digestif. Or cette première flore intestinale va être colonisée par les bactéries du lait pour créer la première barrière protectrice contre les allergies. Les statistiques montrent que les enfants nourris au lait maternel sont deux fois moins malades que les autres pendant les premières semaines de leur vie. Le lait maternel est également constitué de lipides qui contiennent des acides gras essentiels nécessaires à la maturation cérébrale et visuelle.

L'allaitement a encore d'autres vertus qu'aucun lait du commerce, fût-il « maternisé », n'aura jamais. Car il prolonge le lien affectif très fort qui s'est créé, pendant la grossesse, entre l'enfant et sa mère.

En augmentant les défenses immunitaires du nourrisson, le lait maternel protège plus tard le bébé d'un grand nombre des maladies de l'enfance : allergies, rhino-pharyngites, rougeurs... Les défenses immunitaires sont le capital de défense de l'être humain. Sans défenses immunitaires, il est condamné à vivre dans une bulle stérile puisqu'il ne résiste plus à aucun virus, aucune bactérie, aucun microbe. Sans aller jusque-là, une simple baisse des défenses immunitaires signifie une moindre résistance aux maladies de tous ordres.

L'enfant « attrape » tout ce qui passe dès qu'il entre à la crèche, il est plus sensible à la pollution, aux chocs thermiques. Allaiter son enfant n'est pas un choix que l'on fait parce qu'on en a envie ou qu'on refuse parce qu'il est plus facile de faire préparer un biberon par quelqu'un d'autre, c'est un choix raisonné. Et c'est le premier qui engage la santé de l'être que vous avez mis au monde.

Apprenez-lui à manger de tout

Le lait maternel n'ayant qu'un temps, dès le sevrage, l'enfant mange. Pas comme vous et moi au début, mais si une bonne alimentation est le gage d'une bonne assimilation-élimination, et si cette fonction conditionne, comme nous l'avons vu, toutes nos autres fonctions, il est indispensable de donner à l'enfant, dès son plus jeune âge, une nourriture saine, naturelle, variée, répondant exactement aux mêmes règles que celles des adultes.

Un enfant doit manger de tout : introduisez au fur et à mesure de nouvelles saveurs et de nouvelles textures dans ses repas. Un petit pot, pourquoi pas ? Que des petits pots, sûrement pas. Les dents, la salive, les maxillaires, le goût doivent être sollicités. Le cocktail pâtes-purée a ses limites, même si trois coquillettes cuites en cinq minutes et une purée en sachet sont faciles à faire. L'eau a des vertus que les sodas de toutes sortes n'ont pas. Un yaourt vaut mieux qu'une crème au chocolat.

Sucre = danger

On ne sait pas très bien pourquoi, mais les bébés préfèrent le sucré au salé. Or toute mère éprouve de la satisfaction à voir son enfant manger. Les industriels, qui l'ont bien compris, rajoutent du sucre dans la plupart des aliments pour bébés. On récompense les enfants avec des bonbons, on leur donne au petit déjeuner des bols de céréales, au goûter des pains au chocolat et des friandises, le cycle infernal a commencé. Résultat : on découvre aujourd'hui qu'en France, un enfant sur six est obèse. Nous nous gaussions des Américains, nous leur avons emboîté le pas. Le laxisme qui consiste à donner aux enfants uniquement ce qu'ils aiment spontanément parce que c'est plus simple, parce qu'on n'a pas envie de se battre, est purement criminel.

Les médecins alertent depuis peu les parents sur les maladies qui guettent les enfants en surpoids. Première d'entre elles : le diabète, d'autant plus dangereux qu'il s'agit d'un phénomène nouveau à cet âge et qu'on ne dépiste pas cette pathologie chez les jeunes enfants. Pourtant un enfant obèse a neuf fois plus de risques de développer un diabète à l'âge adulte qu'un enfant de poids normal, et parce qu'il éprouve aussi, inévitablement, des difficultés à se mouvoir et à faire du sport, trois fois plus de risques d'avoir, à la longue, des problèmes cardio-vasculaires.

L'obésité ne provoque pas seulement des problèmes physiques, elle induit aussi, bien qu'on en parle moins, des problèmes comportementaux. Un enfant trop gros, perturbé par des problèmes fonctionnels, est obligatoirement un enfant timide ou au contraire violent, un enfant incapable de juguler ses émotions et de se concentrer. Mal dans sa peau, il a avec les autres des relations difficiles qui ajoutent à son désarroi. Mal dans sa tête, il est confronté à des problèmes scolaires qui pèsent sur son avenir.

Il est inadmissible que nous fabriquions des générations d'adultes malades et perturbés en nous contentant de faire des statistiques. Alors que tout enfant dont on éduque le goût saura toute sa vie manger spontanément une nourriture saine.

Les huit commandements de l'alimentation infantile

• *Modérez leur consommation de sucre :* le sucre n'est pas interdit, trop de sucre déclenche les réactions en chaîne qui vont du surpoids à l'obésité et de l'obésité au diabète et aux maladies cardio-vasculaires. Méfiez-vous particulièrement des sucres cachés dans les yaourts, les céréales, les viennoiseries et les sodas qu'il faut à tout prix interdire à table.

• *Variez leur alimentation :* un enfant doit apprendre à manger de tout. C'est la condition pour qu'il assimile toutes les vitamines et tous les sels minéraux dont il a besoin pour grandir. Indispensables : les fruits et les légumes frais qu'il faut manger chaque jour.

• *Éveillez leur curiosité :* se nourrir doit devenir une suite de découvertes. En vacances, en voyage ou à la maison, tout doit être prétexte à découvrir de nouvelles saveurs. La lassitude conduit vite au dégoût.

• *Apprenez-leur à faire la cuisine :* faites-les participer à la préparation des repas. Ils y prendront plaisir et mangeront volontiers les mets qu'ils auront eux-mêmes préparés. Sans compter qu'ils seront valorisés et ravis des félicitations qu'ils ne manqueront pas de recevoir quand les convives dégusteront leurs œuvres, ce qui est une bonne façon d'apprendre en même temps la convivialité des tables familiales.

• *Expliquez-leur le rôle de l'alimentation :* les enfants adorent apprendre, profitez-en. Expliquez-leur pourquoi ils mangent, à quoi ça sert, pourquoi c'est important. Toutes les expériences de pédagogie nutritionnelle réalisées dans certaines écoles ont été une réussite.

• *Faites-les manger à table et à des heures régulières :* un enfant doit manger à table comme les adultes. On n'assimile pas correctement si on avale n'importe quoi en regardant la télévision. Et on ne doit pas manger n'importe quand en piquant dans le placard ou dans le réfrigérateur de quoi grignoter devant la télé. C'est ainsi que se fabrique la grande majorité des obésités de l'enfant.

• *Apprenez-leur à mâcher :* la digestion commence dans la bouche. Manger trop vite, « avaler tout rond », conduit inévitablement à une mauvaise digestion.

• *Apprenez-leur la propreté :* se laver les dents soir et matin, avoir les mains propres avant de passer à table, sont des gestes qui doivent devenir des réflexes. Des dents en mauvais état créent dans la bouche des infections qui perturbent la digestion. Des mains sales véhiculent des microbes. On éviterait bien des épidémies de grippe et autres gastroentérites en se lavant régulièrement les mains.

Bougez avec eux

Le plus célèbre des journaux médicaux, *The Lancet*, a récemment publié les résultats d'une enquête réalisée en Écosse selon laquelle les enfants de 3 à 5 ans ne font plus suffisamment d'activité physique pour brûler les calories qu'ils ingèrent. Le déficit serait de 200 kilocalories par jour, ce qui est une autre explication à l'augmentation inquiétante des obésités infantiles. 81 % des filles et 76 % des garçons de 3 ans seraient ainsi trop sédentaires et ne consacreraient que vingt à vingt-cinq minutes par jour à une activité physique, au lieu des soixante minutes recommandées par tous les pédiatres. Les enfants britanniques ne sont pas les seuls à ne pas se dépenser : tous les enfants européens souffrent peu ou prou du même mal.

Pour les faire bouger, bougez avec eux. Faites des promenades à vélo, marchez, nagez, jouez au foot. Avec vous, ils prendront goût au sport. Un enfant aime se dépenser, s'il reste vautré sur un canapé, ce n'est pas forcément « de sa faute », c'est le plus souvent parce qu'on ne lui propose pas d'alternative. Comme dans de nombreux domaines, le rôle et l'exemple des parents sont déterminants. Et si, dans le pire des cas, ceux-ci ne jouent pas ou ne peuvent se muer en moniteurs, il existe des clubs, des associations, des centres aérés où l'enfant non seulement pratiquera un sport de son âge mais le pratiquera avec plaisir, dans une ambiance de saine émulation.

Aimez-les, écoutez-les

L'amour est la meilleure vitamine de l'enfance. Un enfant a besoin d'être aimé pour s'épanouir, et l'éducation sera facile ou impossible selon que l'enfant sera sûr ou non de l'amour de ses parents. Caressez-le lorsqu'il est encore un nourrisson puis un bébé, touchez-le, embrassez-le, c'est ainsi qu'il prendra conscience de son corps et qu'il apprendra la tendresse. On dit souvent qu'on ne donne que ce qu'on a reçu, que les enfants battus deviennent des parents violents, qu'un manque d'amour dans l'enfance donne des indifférents... C'est en partie vrai. Ce qui est sûr, c'est que les carences affectives de l'enfance se traduisent toujours plus tard par des difficultés psychologiques et physiques.

La communication et la compréhension sont les bases de toute éducation : chaque enfant est unique. Il a sa personnalité, son tempérament, son caractère, et, même s'il vous ressemble, il n'est pas un clone et il faut en permanence chercher à comprendre ses motivations, ses réactions, les ressorts profonds qui le font agir.

Éveillez leurs sens et leur intelligence. Écoutez, parlez : on trouve toujours le temps quand on le veut. Et soyez attentifs : un enfant a besoin de sentir qu'on est disponible pour s'exprimer, il ne vient pas toujours spontanément s'il pense que son père ou sa mère est occupé. Créez les occasions. Trouvez, même s'ils sont courts, des moments où vous serez totalement disponibles pour eux. Les confidences ne se font pas entre deux portes et il est difficile de se raconter à quelqu'un qui, manifestement, fait autre chose ou a la tête ailleurs. Parler de tout, résoudre sans attendre les mille et un petits problèmes qui se posent à lui avant qu'il en fasse « une montagne » suffit généralement à préserver son équilibre psychologique, et bien des conflits peuvent être désamorcés par une conversation à cœur ouvert...

Sachez dire non

J'ai déjà évoqué le laxisme généralisé de nombreux parents d'aujourd'hui. J'insiste : dire non est une preuve d'amour. Parce qu'un enfant a besoin d'apprendre le bien et le mal, ce qui se fait et ne se fait pas, pour être capable, lui aussi, de dire non. Parce qu'un enfant qui n'a pas de règle, pas de modèle, pas d'interdit d'aucune sorte, n'acquiert aucune des valeurs qui fondent une société. Il devient boudeur et lymphatique, colérique ou violent, en quelque sorte asocial, incapable d'adopter un comportement cohérent, de s'adapter aux situations en fonction de critères intelligibles.

Sachez dire oui

L'éducation ne se résume pas à une série d'interdits. S'il faut savoir dire non, il faut aussi savoir dire oui, leur donner des responsabilités pour leur montrer que nous les voyons grandir et sommes conscients de leurs progrès. Ils ont besoin d'être poussés en avant, ne les tirez pas en arrière. Ne les enfermez pas dans un infantilisme rassurant peut-être, mais néfaste à leur développement. Confiez-leur au fur et à mesure des tâches nouvelles, des possibilités de montrer de quoi ils sont capables, et félicitez-les lorsqu'ils réussissent. En les valorisant vous leur apprendrez à avoir confiance en eux et de cette confiance dépend leur capacité à avancer encore.

Vous êtes son modèle

Le jeune enfant apprend par mimétisme. Il reproduit dans la vie quotidienne les gestes, les mots, les attitudes de ses parents et de ses frères et sœurs. Autant dire que ce qui vaut pour eux vaut pour vous. C'est sûrement une contrainte que de donner le bon exemple, il arrive qu'on se cherche des excuses, il arrive même qu'on en ait de bonnes. La fatigue, le stress, le manque de temps. Mais aussi bonnes soient-elles, elles ne sont ni valables ni recevables. « Ne fais pas aux autres ce que tu ne voudrais pas qu'ils te fassent », dit le proverbe. Qui pourrait devenir : « Ne fais pas devant tes enfants ce que tu ne voudrais pas qu'ils fassent. »

De 10 à 18 ans : les ados

De 10 à 18 ans arrivent les années charnières où les parents commencent à se dire : « Je ne sais plus quoi en faire ! » Pour les adolescents, ce sont des années difficiles. Ils ne savent pas encore ce qu'ils vont devenir mais leur vie se dessine. On exige d'eux qu'ils fassent des choix (quel bac ? quelles études ? scientifiques ou littéraires ? courtes ou longues ?) sans en avoir la maturité. De l'enfance à la pré-adolescence puis à l'adolescence, les frontières sont de plus en plus floues. Souvent on laisse aux enfants qu'ils sont encore une liberté trop grande qui peut devenir écrasante. Alors ils y prennent goût, s'affirment, s'opposent, et soudain on a peur des dangers qui les guettent.

À cet âge, tout est important. Les ados vivent à cent à l'heure et leurs émotions sont sans limites si on ne les aide pas à les canaliser. Pas de mesure, pas même de demi-mesure : leurs désespoirs sont terribles et leurs joies sont violentes. Parce que c'est réellement le moment où se construit l'harmonie entre leurs deux cerveaux. Il faut être vigilant sur tous les fronts : assurer leur bien-être physique et veiller à leur équilibre moral. On peut recouvrer la santé quand on l'a perdue, sortir d'une dépression ou de l'alcoolisme, trouver au fond de soi les ressources nécessaires pour sortir de n'importe quelle situation. Mais il est plus facile de résister lorsqu'on est bien armé, physiquement parce qu'on est en pleine santé et qu'on a de bonnes défenses immunitaires, mentalement parce qu'on a un équilibre suffisant pour réfléchir et faire les bons choix.

L'âge de tous les dangers

Dans *L'Express* du 13 décembre 2004, une enseignante du lycée Charles-de-Gaulle de Longperrier (Seine-et-Marne) raconte le suicide d'un de ses élèves de première. Il allait mal, personne n'avait su voir à quel point.

Écoutez leurs appels au secours

L'adolescence est l'âge de tous les dangers. Les suicides sont nombreux, les comportements à risque aussi. On se met en péril, on vit en trompe-la-mort en espérant qu'elle vienne tout en n'étant pas sûr de la vouloir. Cascades en deux roues, saut à l'élastique, vies déréglées... sont autant d'appels au secours que les adultes aveugles négligent quand il en est encore temps. Surveillez-les (sans trop en avoir l'air) comme du lait sur le feu : plus on est jeune, plus le passage à l'acte est rapide. On commet l'irréparable avant d'y avoir réfléchi. Mais il est rare que des comportements aussi extrêmes surviennent sans avoir été précédés de changements. L'adolescent devient renfermé ou violent, il parle moins, évite ses parents et ses frères et sœurs, sèche l'école... Il faut l'aider ou le faire aider par un adulte en qui il a confiance ou un psychothérapeute, le pousser par tous les moyens à s'exprimer. Les adolescents en souffrance se sentent atrocement seuls, sans recours. L'amour de leurs parents, la chaleur familiale, l'amitié, le sentiment d'être acceptés et aimés, peuvent résoudre la plupart des conflits de cet âge. À condition de ne pas passer à côté d'un appel au secours.

Les pathologies du corps

L'adolescence est l'âge du mal-être. On ne s'aime pas. On se cherche sans se trouver. Le corps change et on perd ses repères. On est mal dans sa peau. De cette mauvaise image de soi viennent les conduites masochistes qui alarment à juste titre les parents et engendrent de graves conflits, alors qu'ils signifient surtout : « Aide-moi et occupe-toi de moi. »

Il n'en est pas pour autant facile d'accepter de voir son fils ou sa fille arborer une crête sur la tête ou des cheveux rouges, des piercings dans le nez ou dans le nombril, des tatouages, ou encore des scarifications sur les bras ou le torse.

Cette mauvaise image d'eux-mêmes conduit aussi les adolescents (et surtout les adolescentes) à entamer des régimes tous plus dangereux les uns que les autres pour devenir squelettiques, ou à décider de se faire refaire le nez, les seins ou les fesses.

La chirurgie esthétique, par exemple, est si banalisée en Allemagne que l'ordre des médecins vient de lancer, avec l'appui du gouvernement, une « coalition contre la folie de la beauté ». Objectif : prévenir les adolescents des risques de la chirurgie esthétique. Une enquête réalisée outre-Rhin a révélé qu'un nombre croissant d'enfants de 9 à 14 ans estime qu'une intervention de chirurgie esthétique pourrait améliorer leur vie et que 20 % des opérations esthétiques sont pratiquées sur des moins de 20 ans. Le bonheur de nos enfants passe-t-il par leur ressemblance avec une starlette ? s'interrogent les médecins. En réalité, cette quête de la beauté à tout prix est aussi une façon de nier sa propre personnalité. En changeant son apparence, on espère changer la vie. Mais le malaise des ados ne fait que s'exprimer à travers les souffrances qu'ils imposent à leur corps. Il est évidemment ailleurs.

« Le corps est le porte-parole des relations de l'être humain aux autres et à son environnement », expliquait il y a peu *Le Quotidien du médecin*. Pour beaucoup, le passage à l'âge adulte se fait sans trop de problèmes. Pour les autres, « tout se passe comme si, à l'instar du nourrisson, l'adolescent confiait à son corps le soin de dire, dans son langage, l'indicible », dit la psychanalyste Annie Birraux dans son troisième essai consacré au corps adolescent.

Selon cette spécialiste, ces comportements expriment aussi « la crise profonde de la parentalité » : on ne sait plus qui est qui, les nouveaux pères se font mères, les mères ont tous les pouvoirs, la différence entre les sexes s'estompe, les liens familiaux traditionnels se brisent. Il n'est pas étonnant que, dans notre société de l'image, les pathologies de l'adolescence soient souvent des pathologies du corps.

Il faut pourtant aider ces jeunes en errance à retrouver les mots, à parler à leurs parents, à des amis, à un psychothérapeute, peu importe. Ils doivent réapprendre à communiquer pour reprendre pied dans la réalité.

Alcool et cannabis : les drogues des ados

La toxicomanie existe, aucun parent ne peut l'ignorer. Héroïne, cocaïne, ecstasy, amphétamines, LSD et autres drogues dures atteignent principalement les jeunes en grande précarité ou en rupture familiale et touchent environ 5 % des adolescents. Mais l'alcool et le cannabis sont autrement répandus : les enquêtes montrent que près de 9 adolescents sur 10 des 12 à 18 ans ont pris au moins une fois de l'alcool, du cannabis ou du tabac. Les plus jeunes sont plus attirés par le tabac et l'alcool, le cannabis concerne surtout les 14-15 ans. En dix ans, le nombre de jeunes ayant expérimenté le « hasch » a plus que doublé. Ce qui ne les empêche pas de fumer : à 15 ans, 11 % des garçons et 14 % des filles fument régulièrement, ils sont respectivement 21 % et 24 % à 16 ans.

Un nombre considérable de moins de 18 ans est donc dépendant d'une drogue et, aussi « douce » soit-elle à leurs yeux, elle reste une drogue qui perturbe à la fois leur système nerveux et leurs comportements. Il n'existe pas de recette miracle, sinon la vigilance qui permet de détecter les symptômes d'une toxicomanie et d'entretenir une communication ininterrompue avec l'adolescent. Le Pr Marcel Rufo, auteur, avec le Pr Henri Joyeux, d'un rapport remarqué intitulé « Adolescence, famille et santé », estime que « la santé de l'adolescent est l'affaire de tous et, en particulier, des jeunes eux-mêmes ». Favorable au développement des campagnes d'information en milieu scolaire, il préconise la mise en place d'un réseau capable d'accueillir les ados et de répondre à leurs questions, des standards téléphoniques dédiés aux « maisons de l'adolescent » en passant par des examens médicaux systématiques à 12, 14-15 et 18 ans. Il est vrai que les examens régulièrement pratiqués dans l'enfance n'existent pas pour les adolescents. Il est vrai aussi que l'amour de leurs parents, la chaleur du foyer familial, l'attention de leurs proches, l'affection de leurs amis, sont, pour les très jeunes, les meilleurs garde-fous.

Destination santé

La différence entre un enfant et un adulte est qu'il dépend totalement d'un mode de vie qu'il n'a pas choisi. Il est d'autant plus essentiel de faire pour lui les bons choix. Et ces choix doivent être dictés par la raison et le bon sens. Si tant d'enfants vont mal aujourd'hui, si tant d'enfants sont devenus obèses, c'est parce que leurs parents refusent de s'en rendre compte. Aimer ses enfants est une chose, être aveuglé par son amour pour eux en est une autre. Il arrive qu'à force de les voir on ne les remarque plus et on néglige des signes pourtant évidents. Regardez vos enfants, voyez-les tels qu'ils sont, ne vous bandez pas les yeux. Vous êtes leur meilleur pédiatre et le premier diagnostic viendra toujours de vous. Certains choix sont prioritaires.

L'alimentation ne doit pas être une maladie

Continuer d'assurer à un adolescent une nourriture saine et variée est souvent difficile. La cantine d'abord, le bistrot et le fast food ensuite ne favorisent pas la santé du ventre ! Plus de deux repas fast food par semaine, et le risque d'obésité est créé. Trop de pizzas, et c'est l'excès de fermentation intestinale qui s'annonce. Sans compter que ces repas vite faits sont carencés en vitamines. Les carences en vitamines, en antioxydants, en sels minéraux peuvent se créer très tôt, mettant en marche chez de très jeunes gens le processus du vieillissement.

S'ils ont appris plus jeunes à bien se nourrir, ils auront plutôt tendance à continuer. Dans tous les cas, mieux vaut veiller au repas du soir et à ceux du week-end, restreindre les apports en sucre rapide et, surtout, exiger qu'ils mangent lentement et tranquillement.

Obésité, danger !

Sachez réagir au moindre symptôme alarmant : c'est dans ce moment fragile de l'adolescence que naissent et se développent les maladies de la nutrition dont on constate malheureusement qu'elles sont de plus en plus fréquentes. L'anorexie et la boulimie d'un côté, l'obésité et le diabète de type 2 de l'autre, naissent entre 12 et 15 ans, avec des conséquences souvent dramatiques. Il existe des formes sévères et des formes larvées de ces maladies, des tendances contre lesquelles il faut lutter avant que la pathologie se déclare. Il faut s'inquiéter lorsqu'un enfant maigrit ou grossit bien avant qu'il soit squelettique ou en réel surpoids. Bizarrement, de nombreux parents ne semblent pas s'inquiéter, non parce qu'ils négligent leurs enfants, mais parce qu'ils ne remarquent pas ce qui se passe, en particulier lorsque l'enfant est en surcharge pondérale. Est-ce parce qu'il nous reste des souvenirs de nos grand-mères lorsqu'elles disaient qu'un enfant qui mange à sa faim se porte bien ? On sait aujourd'hui ce qu'il faut en penser. Pourtant une enquête réalisée en Grande-Bretagne auprès de parents dont les enfants étaient nettement en surcharge pondérale a montré que seuls 25 % d'entre eux (33 % des mères et 57 % des pères) admettaient que leur enfant était obèse. Plus grave encore : 50 % seulement des parents se déclaraient intéressés par le problème et 25 % légèrement préoccupés. Avec, notons-le, un peu plus d'inquiétude pour les filles que pour les garçons, ce qui tend à prouver que, parmi les parents concernés, beaucoup s'intéressaient au problème esthétique et non à la menace qui pesait sur la santé de leur enfant.

Il est probable que de nombreux parents ne fassent pas la relation entre l'obésité de l'enfant et le diabète de l'adulte. Espérons que les campagnes menées aujourd'hui dans la presse et dans les écoles les alerteront.

Soyez attentifs et soyez fermes : leur santé présente et future en dépend.

Interdits : les cigarettes, l'alcool, les excitants

Il n'est plus interdit d'interdire, c'est même recommandé. La première cigarette, le premier verre d'alcool, les dopants quand on prépare un contrôle, sont toujours suivis par une autre cigarette, un autre verre, un autre comprimé. Les chiffres le prouvent, nous l'avons vu. Certes, on ne peut pas tout éviter. Ils ont l'âge où imiter les copains devient primordial. Mais on peut éduquer, prévenir, rebondir sur les campagnes de prévention ou un fait divers. Les informer et leur parler est une priorité. Il ne suffit pas d'interdire pour être obéi, encore faut-il se faire comprendre. Faites confiance à leur intelligence.

Mais ne tombez pas dans l'excès d'interdits

Le trop étant toujours l'ennemi du bien, les interdits ne doivent concerner que les dangers réels, les substances ou les comportements qui représentent un risque pour leur santé.

Pour le reste, soyez non pas « cool » mais réalistes. Trop de protection, trop de propreté, trop d'horaires, trop d'interdictions, provoquent l'effet inverse de celui recherché. Sachez être présents sans être sur leur dos en permanence, laissez-leur un espace de liberté, veillez à ce qu'ils respectent les quelques règles de la vie familiale sans faire une montagne de tout. On peut ranger sa chambre et laisser un pull traîner sur une chaise, avoir des horaires réguliers même si on se couche tard une fois de temps en temps, et avoir une mauvaise note sans pour autant rater ses études. Nous leur demandons sans arrêt de grandir, de devenir adultes, de se responsabiliser. Sachons faire les premiers pas en ne continuant pas trop longtemps à les infantiliser.

Au fond d'eux-mêmes, les adolescents savent quand ils ont tort et vous raison. Ils sont capables d'entendre la vérité et acceptent d'être sanctionnés si la sanction est juste et ne prend jamais la forme d'une humiliation. Ils ont droit à la liberté d'expression, vous êtes investis de l'autorité. À vous de l'exercer sans provoquer d'affrontement. Ils ont un sens éperdu de la justice, ne soyez pas injustes, même involontairement. Traitez-les avec respect. Ils le demandent, ils y ont droit.

Faites-les bouger

Ils aiment bouger ? Profitez-en, ils en ont besoin. S'ils ne font aucun sport, on imagine les difficultés qu'ils auront à pratiquer, à l'âge adulte, une activité physique !

L'idéal est évidemment de pratiquer avec eux un sport qui leur plaît. Nous trouvons du plaisir à jouer avec eux quand ils sont petits, à leur apprendre à nager, à faire du vélo, à courir. Ces moments privilégiés sont des moments de bonheur dont ils se souviendront. Enchaînez : du jeu au sport, il n'y a qu'un pas bien vite franchi. Il ne s'agit pas seulement de les aider à se dépenser (sous-entendu : ils seront plus tranquilles ensuite), il s'agit d'aider leur organisme à respirer, leurs cellules à s'oxygéner, leur cœur à se fortifier. C'est une question de plaisir mais aussi de santé.

Laissez-les choisir un sport qui leur plaît. Inscrivez-les dans un club ou dans des stages de vacances. Il en existe des milliers et pour tous les sports. Ils s'y feront des amis et apprendront à se perfectionner.

Ne les laissez pas s'épuiser : il y a beaucoup de sportifs et peu de champions olympiques. Le surentraînement épuise l'organisme, a fortiori chez un jeune qui n'a pas fini sa croissance.

Laissez-les dormir !

L'une des pommes de discorde les plus fréquentes entre parents et ados est leur propension à se coucher tard et à se lever encore plus tard. Il est certainement agaçant de voir arriver à l'heure du déjeuner des jeunes mal réveillés et d'humeur incertaine, mais ils ont quelques excuses qu'il faut connaître avant d'en faire un drame. Soumis aux horaires scolaires, les ados se lèvent tôt pendant toute la semaine. Ils ont dépassé l'âge d'aller au lit la dernière bouchée avalée. Mais parce qu'ils grandissent, que leur corps se transforme, ils ont physiologiquement besoin de beaucoup de sommeil. Laissez-les rattraper pendant le week-end les heures qui leur manquent si vous ne souhaitez pas qu'ils somnolent en cours. Ce qui n'améliorerait guère leurs performances scolaires.

Parlez-leur d'amour

Premier amour, premiers émois, premiers rapports sexuels. Rappelez-vous, ce n'est pas si simple. La pudeur des parents est parfois surprenante.

Il y a le silence : on ne veut ni voir ni savoir.

Il y a l'information technique : éducation sexuelle, contraception, sida, on « fait son devoir » en se disant que tout se passera bien.

On oublie au passage que les cassures entre parents et enfants naissent souvent de cette difficulté à aborder des problèmes essentiels pour eux.

Quand leur sexualité se révèle, ayez le courage d'en parler avec eux, sans tabou mais sans excès d'intimité ni de familiarité. Avertissez-les des dangers sans les terroriser. Un enfant ou un ado d'aujourd'hui en sait souvent plus par les journaux et la télévision sur la pédophilie, le viol et les « tournantes » que sur l'amour. Parlez-leur de sentiments, de tendresse et de dignité : la leur et celle de l'autre, autant que de sexe. Parlez-leur d'amour.

Éveillez leur intelligence et leur esprit

N'oubliez pas la santé de leur premier cerveau si vous souhaitez qu'ils deviennent de jeunes adultes autonomes, responsables et bien dans leur peau.

Un peu de culture ne peut pas faire de mal

Montrez-leur qu'il y a autre chose dans la vie que les biens matériels, développez leur goût pour l'art, la lecture ou le cinéma, la poterie, la musique ou la danse... La culture est multiple, diverse, donnez-leur le goût du beau. Ils en tireront de grandes joies et l'art de vivre en société. On est jugé aussi sur son ouverture d'esprit, sur ce qu'on sait et ce qu'on aime.

Peut-être auront-ils envie de pratiquer un art, ne le choisissez pas pour eux « parce que vous auriez bien aimé faire du piano quand vous étiez petit » ou que « la danse c'est joli pour les petites filles »... Détectez leurs dons, ils se développeront.

L'âge des révolutions

Apprenez-leur à vivre en société, mais pas à être des moutons. L'adolescence est l'âge des révolutions, des rêves, de l'imagination. Que serait devenu le monde si personne n'avait eu envie de le changer ?

Pourtant, les adultes ont une fâcheuse tendance à penser que les enfants ont tort lorsqu'ils ne pensent pas comme eux. Écoutez-les, et demandez-vous si la mère de Bill Gates était une fanatique des nouvelles technologies. Ils ont aussi des choses à nous apprendre.

Halte aux tranquillisants, aux antidépresseurs

Des milliers d'enfants et d'adolescents vivent aujourd'hui sous tranquillisants ou antidépresseurs. Et le danger est tel que, dans plusieurs pays, les autorités de santé ont sévèrement réagi. Dangereuses pour les adultes, ces drogues sont criminelles pour les enfants. Effets secondaires, accoutumance, risque de suicide...

Aux États-Unis, un expert de la FDA (la Food and Drug Administration, organisme officiel correspondant à peu près à notre Agence française de la sécurité sanitaire et des produits de santé) découvre qu'un antidépresseur connu multiplie par deux, chez les adolescents, le risque de suicide. Quelque temps plus tard, les autorités britanniques interdisent officiellement ce même médicament aux moins de 18 ans. La FDA, qui avait d'abord temporisé, en fait autant et exige parallèlement que soient publiés tous les essais cliniques réalisés sur des enfants de huit autres antidépresseurs. Car les laboratoires sont accusés d'avoir caché les risques, pourtant démontrés par ces études, en n'en révélant qu'une partie. Leur publication se révélera accablante. Non seulement tous ces médicaments augmentent le risque de suicide, mais leurs effets positifs sont moindres que leurs effets négatifs ! La polémique n'a pas fini de grandir. Elle n'a pas encore atteint la France qui garde un silence pesant. Dès 1995 pourtant, le psychiatre Édouard Zarifian avait publié un rapport où il notait que « les pouvoirs publics sont défaillants dans ce domaine ».

Pourquoi attendre des pouvoirs publics une législation qui viendra sans doute quand des dizaines d'adolescents auront été victimes de psychotropes extrêmement dangereux ? Du sirop qui fait dormir les bébés aux tranquillisants pour enfants « hyperactifs » en passant par les antidépresseurs pour ados « à problèmes », ces drogues sont à bannir.

Définitivement.

18-25 ans : les « jeunes adultes »

Avec l'âge de la majorité vient le temps des choix qui vous engagent : études, métier, couple, c'est le dernier tournant avant la vie d'adulte et, quoi qu'il arrive, il sera difficile ensuite de changer radicalement de cap. C'est pourquoi on se sent à la fois vulnérable et acculé. Comment décider à 18 ans si l'on sera médecin ou ingénieur ? Comment gagner son indépendance ? Choisir pour la vie une compagne ou un compagnon ? Comment être sûr de ne pas se tromper ? Le rôle des parents est encore primordial, non pour imposer ou interdire, mais pour guider et accompagner. À notre époque, on n'a jamais fini d'être parent. Mieux vaut s'y faire. Moralement, économiquement, nos enfants ont besoin de nous de plus en plus longtemps. Mais n'est-ce pas aussi une manière de rester jeune que de se sentir utile ?

La force de l'âge

Entre 18 et 25 ans, on a la force de l'âge. Si on a mené une vie saine, on n'a aucun problème. Pourtant je constate que les jeunes adultes sont de plus en plus nombreux à venir me consulter. Tous ont le même problème : ils sont mal dans leur peau, bien que ce ne soit jamais la raison qu'ils invoquent pour venir me voir. À part quelques cas graves et diagnostiqués, il faut en réalité peu de chose pour les remettre en forme. Accessibles au raisonnement, au bon sens, contents qu'on les écoute, ils ont surtout besoin de reprendre confiance en eux et d'apprendre à s'aimer. Souvent ils sont timides, anxieux, inquiets qu'on ne les prenne pas au sérieux, angoissés à l'idée de la vie qui les attend et qu'ils ont du mal à imaginer. Rassurés, ils adoptent avec enthousiasme ma méthode, car ils ont cette formidable énergie de la jeunesse qui s'engage vraiment. Chez les jeunes, le chemin du bien-être va plus volontiers du ventre à la tête que le contraire. Une autre preuve que l'un ne va pas sans l'autre. Ils comprennent bien plus vite que les adultes l'intérêt de soigner son ventre. S'ils sont convaincus, ils mettent immédiatement en pratique ma méthode.

Leur mot à dire

Pour choisir des études, un métier, une amourette ou un grand amour, ils ont leur mot à dire. Leurs parents, leurs amis, leur famille, peuvent exprimer leur opinion. En fin de compte, ce sont eux qui doivent choisir. Car comment être heureux dans la vie si on a pris les mauvais chemins, appris un métier qu'on n'aime pas, choisi son mari ou sa femme pour faire plaisir à papa et maman ? Faire semblant pour ne pas faire de peine au prix d'un maximum de stress, renoncé à ses rêves ? Rien ne vous empêche pour autant d'avoir une opinion sur ce que supposent leurs choix. Des parents ne sont pas obligés de « se saigner aux quatre veines » pour payer une grande école à un garçon ou à une fille. Ils peuvent très bien participer à leurs études en faisant des petits boulots. Rien n'interdit non plus de donner votre avis si votre fils vous annonce qu'il sera dompteur dans un cirque. Bien que ce soit un merveilleux métier, vous pourrez utilement lui conseiller de s'interroger sur sa vocation. Mais un avis peut être suivi ou non. Le maintien d'une communication franche et amicale avec eux est à ce prix. À 20 ans, on admet la discussion mais on accepte rarement les ordres. Faites preuve vous aussi de maturité. Si une discussion s'enlise, revenez sur le sujet le lendemain ou le surlendemain. Ne transformez pas le moindre débat en marathon qui ne peut s'achever que sur la victoire de l'un ou de l'autre. Ils n'ont peut-être, comme vous, ni tout à fait tort ni tout à fait raison. S'ils ne sont que de « jeunes » adultes, le temps est venu pour leurs parents de les traiter en vrais adultes.

La cohabitation difficile

L'indépendance financière étant de plus en plus longue à acquérir, les jeunes restent chez leurs parents de plus en plus longtemps. Et la cohabitation se révèle souvent difficile. Les parents leur reprochent de considérer la maison comme un hôtel et leur mère comme une femme de ménage-laveuse-repasseuse-standardiste... Ils rentrent à l'aube, dorment quand nous déjeunons, écoutent une musique qui nous casse la tête, sont pendus en permanence à leur portable au lieu de nous parler. Tout cela est vrai mais ne dure qu'un temps. La raison étant de notre côté, il est bon de relativiser. Et de garder le contact. En leur faisant remarquer au passage que le respect de l'autre est le pilier d'une cohabitation réussie.

La première vie de couple

Nœud gordien des relations père et surtout mère-enfant, les premières expériences de vie en couple peuvent prendre des allures de cauchemar s'ils vivent encore sous le toit des parents. Refuser de changer le lit une place de leur chambre d'enfant pour un autre plus confortable même s'ils sont seuls, refuser d'accueillir le petit copain ou la petite copine, les bouder ostensiblement ? Ou les accueillir à bras ouverts, préparer leurs tartines au petit déjeuner, considérer qu'il y a un enfant de plus dans la famille ? Les deux sont probablement excessifs, mais je me garderai bien de donner des conseils. Chacun fait comme il peut en fonction des enfants et des circonstances.

Je sais en revanche qu'il s'agit de moments importants et qu'il est souhaitable pour un jeune de les vivre en dehors de tout conflit. La découverte de sa sexualité et des rapports à deux, les premières amours et les chagrins d'amour, les complications des sentiments absorbent une bonne part de leur énergie. Ce n'est pas le moment de leur compliquer la vie. Les parents abusifs, les mères possessives, les pères jaloux de leur fille fabriquent, par égoïsme, des adultes qui auront un mal fou à devenir un couple harmonieux. Deux règles devraient présider à notre attitude dans ces moments-là : le respect de leur intimité et la compréhension mutuelle.

Belles comme une image

Les filles, plus encore que les garçons, se sentent exister dans le regard de l'autre, qu'il soit un ami ou un petit copain. Elles pensent que leur apparence est leur premier outil de séduction et, pour séduire, elles sont prêtes à tomber dans tous les pièges que leur tendent les magazines féminins, la publicité et les industries de la beauté. Elles veulent être belles comme une image. Peu importe qu'elles se teignent en blonde et montrent leur nombril. Les dangers qui les guettent ont pour nom chirurgie esthétique et régimes pour maigrir.

Autant il me paraît normal d'opérer une disgrâce trop visible et handicapante : un nez trop long, des oreilles très décollées, un menton fuyant. Autant je désespère de voir des filles, pourtant ravissantes, se faire refaire les seins, les fesses, opérer les yeux, le ventre ou les cuisses. Les chirurgiens esthétiques ne sont pas tous coupables. Une fille têtue cherche jusqu'à ce qu'elle rencontre celui qui dira oui. Je leur conseille le plus souvent de repousser l'opération de deux ou trois mois pour prendre le temps de réfléchir. Ce délai suffit souvent à les détourner de leur projet. Il faut leur faire comprendre qu'une opération de chirurgie esthétique est un acte invasif, qui demande une anesthésie générale impliquant des risques, et qu'il ne peut être décidé sur un coup de tête. Je leur rappelle surtout qu'il suffit d'un peu de volonté pour se prendre en main. Les rondeurs inesthétiques résistent rarement à quelques changements alimentaires accompagnés d'une activité physique suffisante.

Filles : attention aux régimes

Les régimes excessifs, les régimes yo-yo (on maigrit, on regrossit) sont une catastrophe quel que soit l'âge. Les jeunes ont rarement conscience des dégâts importants causés sur leur santé par les carences en nutriments essentiels. Non seulement leur organisme est en péril, mais ces régimes influent en même temps sur leur tonus, leur moral et leur équilibre psychique. La plus grande fermeté s'impose car il s'agit réellement de leur santé.

Sans toujours basculer dans l'excès des régimes dangereux, les jeunes de cet âge-là se nourrissent mal, surtout s'ils vivent en ville. Ils ne peuvent pas rentrer chez eux à midi, ont généralement peu d'argent. C'est l'âge des sandwichs avalés vite fait avec un Coca. L'industrie du sandwich a fait des progrès pour plaire à une clientèle de plus en plus nombreuse. Mais si les goûts, les pains, les ingrédients se sont multipliés, c'est au prix de la diététique. Mayonnaise, ketchup, mélanges hasardeux, quiches et croque-monsieur... multiplient les calories et les graisses. Alors qu'ils ont l'impression de peu manger, les habitués des sandwichs sont des candidats à une rapide prise de poids. Si on ne peut éviter de manger sur le pouce à midi, le jambon-baguette est plus recommandé que l'empilage de tranches de pain de mie truffées de salade flétrie, de mayonnaise et de thon.

Garçons : attention au surmenage

Moins soucieux en apparence de leur aspect physique, les garçons n'en ont pas moins un âge frime. Mais à vouloir être le plus fort, à se prendre pour un champion, on risque le surmenage. Les activités physiques trop violentes provoquent à plus ou moins longue échéance des problèmes d'acidité, de rhumatismes, d'usure des articulations et des tendons, de surpoids... Les choses deviennent plus graves quand, pour gagner ou être le meilleur, on se dope comme les champions qu'on voudrait imiter. C'est le domaine par excellence où les parents peuvent être de bon conseil en les informant sur les risques qu'ils courent.

L'âge de toutes les aventures

Les conseils ne sont pas toujours destinés à restreindre la liberté de celui qui les reçoit et il est quelque chose que les parents ne devraient jamais oublier : la jeunesse est le temps de toutes les aventures et de tous les défis. L'âge où les excès sont permis s'ils ne deviennent pas une habitude. Que celui qui n'a jamais pris une « cuite » ni fait une vraie bêtise me jette la première pierre. On regrette sa jeunesse surtout si on ne l'a pas vécue intensément, si on en garde des frustrations et des regrets. Un gueuleton, une nuit blanche, une escapade, une randonnée extrême, ne tuent pas la jeunesse. En revanche le strict respect de toutes les convenances, la peur du risque font vieillir avant l'âge. Il faut vivre pleinement sa jeunesse pour vieillir sans devenir ce que Jacques Brel appelait un « vieux con ».

25-40 ans : le tourbillon de la vie

De 25 à 40 ans, on est dans le tourbillon de la vie. Une quinzaine d'années où tout se construit, souvent au prix d'une intense fatigue, où l'on s'oublie et où l'on commet des erreurs que l'on paiera plus tard. On veut réussir et profiter de la vie, exercer une tonne de responsabilités professionnelles et familiales sans renoncer à se faire plaisir, encaisser les stress, la fatigue, les nuits sans sommeil et plaire, encore et toujours, pour mieux se rassurer. On veut tout, sans tarder. Le défi est intéressant et mieux vaut avoir de l'ambition que de ronronner mollement dans une vie sans projets. Mais si l'on ne veut pas y perdre sa jeunesse, la réussite demande un peu d'organisation, beaucoup de soin et, une fois n'est pas coutume, un brin d'égoïsme.

Femmes : 1, 2, 3... grossesses

Les enfants apportent du bonheur, les grossesses transforment le corps des femmes. Pendant la grossesse, veillez plus que jamais à votre alimentation et ne vous laissez pas exagérément grossir. On l'a dit mille fois, mais on peut le répéter encore et encore : une femme enceinte ne doit pas manger pour deux si elle ne veut pas passer des semaines à retrouver sa silhouette d'avant.

Une nourriture saine, des horaires réguliers, un bon sommeil, un peu de gymnastique, un peu de natation et des massages, pendant et surtout après, suffisent pour qu'une jeune femme ne porte aucune trace de la grossesse.

Métro, boulot, stress

Malgré les 35 heures, les nouvelles technologies, les tâches moins répétitives et moins pénibles qu'auparavant, jamais le stress au travail n'a atteint de tels niveaux. Publié en 2002, un rapport de l'Agence européenne de santé et de sécurité du travail indiquait que près d'un salarié sur trois est victime du stress dans l'Union européenne. Une nouvelle enquête, réalisée par *L'Usine nouvelle* et le cabinet Stimulus en partenariat avec *Le Quotidien du médecin* [1], affine ces conclusions et montre qu'en France le stress engendré par le travail est en train de devenir un problème de santé publique.

Les résultats sont en effet plutôt inquiétants : 60 % des personnes interrogées ressentent dans leur travail un niveau élevé de stress, pouvant, pour 28 % d'entre elles, mettre en danger leur santé ! L'enquête ayant été réalisée auprès de 2 500 cadres de tous niveaux, des agents de maîtrise aux P-DG, dans un grand nombre de secteurs d'activité, on peut en conclure que rares sont les

1. *Le Quotidien du médecin*, 26 février 2004.

salariés à vivre sereinement leur vie professionnelle. Au point que plus de 20 % présentent déjà des pathologies anxieuses et 5 % un état dépressif.

Pour autant, rares (8 %) sont ceux qui se protègent, ont une véritable hygiène de vie, ne consomment ni tabac ni alcool, pratiquent une activité physique.

Le travail engendrera toujours un certain niveau de stress. Une partie de ce stress est d'ailleurs positive et sert de moteur à l'ambition. Mais l'accumulation de mauvais stress met en danger toute une population jeune qui le paiera cher en vieillissement prématuré, pathologies cardio-vasculaires, diabète, dépression. En courant un réel danger d'entrer dans la spirale infernale somnifères-tranquillisants-excitants. Il est indispensable, pendant ces années de stress et de surmenage, de se protéger au maximum en respectant quelques règles d'hygiène de vie : sport et respiration pour se détendre, alimentation saine, sommeil suffisant. Le combat pour la jeunesse se gagne ou se perd souvent avant la quarantaine.

Métro, boulot, maison

Ce n'est pas un hasard si l'enquête de *L'Usine nouvelle* montre que le stress du travail touche un peu plus les femmes que les hommes. Car le stress s'accumule lorsqu'il faut gérer en même temps vie professionnelle et vie familiale, faire les courses et penser au pédiatre, rester femme, sortir, s'amuser et ne jamais se reposer. De journées trépidantes en week-ends à grelotter au pied des manèges et des balançoires du jardin d'à côté.

Parce que ses propres parents sont souvent loin, on n'a pas toujours sous la main une grand-mère zélée, toujours prête à prendre ses petits-enfants. Soyons clair : il faut être jeune pour supporter tout ça. Il n'empêche, l'âge de la maternité avance de plus en plus. Les femmes ont sans doute pris le temps d'assurer leur carrière, elles ont peut-être plus d'argent qu'à vingt ans, mais elles n'ont plus tout à fait vingt ans et le ressentent en fatigue.

Puisqu'elles ont aussi un peu plus de plomb dans la tête qu'à vingt ans, elles devraient comprendre que leurs années futures dépendent du soin qu'elles auront pris d'elles pendant ces années-là.

• *Prenez, chaque jour un peu de temps pour vous.*

• *Conservez au moins une activité que vous aimez :* faites un sport, peignez, lisez, peu importe, vous existez et c'est à vous que vous devez le prouver quotidiennement.

• *N'essayez pas d'être parfaite :* c'est impossible. Mais faites tout ce qui est important. Mieux vaut faire un câlin que repasser les draps, et parler un moment avec votre mari que faire le ménage à fond.

• *Surveillez-vous :* si vous vous laissez aller, vous serez une vieille femme avant d'avoir le temps de vous en apercevoir. Soyez coquette, allez chez le coiffeur, soyez belle : la vie des autres et la vôtre seront plus agréables. L'idée qu'une mère de famille n'a plus à être séduisante a sûrement rassuré les hommes pendant des générations, mais elle n'est plus de mise.

• *Faites-vous plaisir :* on peut perdre le sens du plaisir quand on est en permanence débordée par ce qu'on a à faire. Les petits plaisirs qu'on s'accorde libèrent les endorphines du cerveau. N'ayez pas honte d'aller au cinéma en laissant, pour un soir, les enfants sous bonne garde à la maison, vous serez plus performante après.

• *Relaxez-vous :* c'est le moment de vous intéresser aux techniques de détente, de relaxation et de massage. Choisissez la vôtre. Respirez : la respiration que je vous ai apprise (voir p. 100) vous permettra de garder votre contrôle sur vous-même.

• *Si vous travaillez,* cherchez à profiter de ce que votre travail peut vous apporter en veillant à ne pas basculer dans le surmenage : fixez-vous des buts que vous pouvez atteindre sans mettre en péril votre santé. Vous pourrez alors évoluer et avancer. Un jour, vos enfants seront grands, soyez armée pour supporter sans tristesse qu'ils vous quittent.

• *Restez une femme amoureuse,* cultivez votre sexualité : l'amour est bon pour la santé et pour le moral (voir p. 164).

• *Aimez-vous et respectez-vous,* vous saurez comment faire pour que les autres vous aiment et vous respectent. Les femmes battues par leur mari, les femmes esclaves de leurs enfants, ont perdu toute image d'elles-mêmes.

• *Soyez vous-même* et soyez fière de vous, c'est la première condition du bonheur.

Les hommes aussi

Les hommes, c'est bien connu, sont plus tournés vers l'extérieur, la réussite professionnelle et sociale, la carrière. Mais les temps changent. Puisqu'elles travaillent aussi, les femmes souhaitent être aidées à la maison et confient volontiers la cuisine aux maris. Elles sont convaincues par les magazines qui leur expliquent à longueur de colonnes que les enfants ont besoin de leur père (c'est vrai), et pas seulement pour vérifier les bulletins (c'est encore juste), que la tendresse n'est pas le seul apanage des femmes. Et que ce n'est pas parce qu'on est au four qu'on ne peut pas être au moulin. Ainsi, les hommes s'intéressent de plus en plus à leurs enfants et à leur intérieur. Évidemment, la vie familiale en bénéficie largement mais, comme ils n'ont pas encore tout à fait l'habitude, ils en éprouvent plus de stress et d'angoisse que leurs épouses.

Pour autant, on ne leur a pas retiré la responsabilité financière et sociale de leur petite famille. Il n'est pas facile de construire une carrière en préservant sa vie familiale, et les conseils que l'on donne traditionnellement aux femmes valent désormais aussi pour les hommes.

Pour eux ces années sont celles de l'ambition dans tous les domaines. Celles, par conséquent, du niveau de stress maximum : le bon stress, qui donne des forces, et le mauvais qui attaque sournoisement les fonctions vitales, fabrique du cholestérol, des maux de dos et des aigreurs d'estomac, de la fatigue et des kilos en trop.

Les hommes aussi ont droit à leur pré carré, à un match de foot entre copains un samedi soir, à une grasse matinée, à un peu de silence, après une journée épuisante. Soucieux de leur image, ils savent moins bien que les femmes faire l'effort nécessaire pour la préserver. Quelques bonnes résolutions ne leur feraient pourtant pas de mal.

• *Faites du sport,* aérez-vous, dépensez-vous physiquement.

• *Résistez à l'alcool, au tabac,* si possible, dormez suffisamment. Évitez comme la peste les tranquillisants, les antidépresseurs, les somnifères. Si vous imaginez ne pas pouvoir vous en passer, consultez un médecin ou un thérapeute manuel. En un mot : sachez récupérer si vous ne voulez pas le payer plus tard. Ne présumez pas de vos forces. L'accumulation de surmenage provoque des dysfonctionnements importants du système neurovégétatif et enclenche avant l'heure le processus de production de radicaux libres et du vieillissement.

• *Soyez ambitieux mais réaliste :* fixez-vous des buts qui vous paraissent réalisables. Les projets utopiques se terminent en échecs et en frustrations. N'embarquez pas inconsidérément toute votre famille dans le Larzac pour y ouvrir un gîte rural ou sur un voilier pour faire le tour du monde. Non que ce genre de projet ne réussisse jamais, mais ils demandent une vraie motivation et beaucoup de préparation. Il est souvent plus facile et plus gratifiant de réussir la vie qu'on s'est faite que de changer de vie.

• *Mangez correctement,* faites quelques excès mais pas trop. Inutile de faire des UV quand on a mauvaise mine et de changer de costume quand on se rend compte qu'on ne rentre plus dans ses pantalons. Un homme n'a pas plus de raisons qu'une femme de se laisser aller. Votre physique reflète aussi votre personnalité.

Une famille est une équipe

Vous êtes un couple, votre famille est une équipe, faites-en une équipe qui gagne. L'augmentation du nombre des divorces (un sur trois en moyenne en France, un sur deux à Paris) traduit plus dramatiquement l'incapacité de beaucoup à s'assumer et à assumer leurs choix que le manque d'amour. On divorce parce qu'on en a assez, parce qu'on ne se parle plus, pour se prouver qu'on est jeune et qu'on peut plaire, parce qu'on oublie que les passions commençantes finissent presque toujours en amours installées... Bien des patients me parlent de divorce. Ils en ont « ras le bol », ils n'en peuvent plus, ils veulent tout changer. Près de neuf fois sur dix, après quelques séances, lorsqu'ils vont mieux, qu'ils sont moins fatigués, retrouvent leur bien-être, ils oublient leurs projets de divorce. Leur vie sexuelle et leur vie amoureuse vont mieux, le plaisir et la tendresse redynamisent leur couple. On divorce pour tout un tas de raisons qui ne sont pas si bonnes puisque le plus souvent, si on se remarie, on s'aperçoit qu'on refait les mêmes erreurs et qu'une nouvelle vie n'est ni pire ni meilleure qu'avant.

Un divorce n'est pourtant pas anodin. L'explosion d'une famille a toujours de graves conséquences sur tous ses membres. Réfléchissez : l'herbe n'est pas toujours plus verte ailleurs et les enfants déchirés, le conjoint délaissé, l'autre devenu un « parent du week-end », les sordides discussions d'argent valent-ils la vie qu'on aura en échange ? La vie familiale est un milieu où s'épanouissent la tendresse et le partage. Les enfants qu'on a voulus en sont le ciment. Nos parents, qui avaient une certaine sagesse, n'envisageaient de se séparer que pour des raisons graves. Il suffit parfois de réfléchir, de prendre un peu de recul, de faire preuve de patience et d'indulgence pour ne pas détruire la famille que l'on a créée. J'explique à mes patients qu'avec un peu de courage, de volonté et de discipline, on passera heureusement les années ambitieuses, fatigantes mais riches, qui nous conduisent à la quarantaine. Elles sont aussi les années de la jeunesse évidente et triomphante. Profitez-en.

Après 40 ans : premiers bilans

On a fêté ses 40 ans avec un peu de nostalgie, on n'a plus la trentaine, on glisse vers la cinquantaine, et le mot fait un peu peur sans qu'on sache vraiment pourquoi.

Après 40 ans, on refera peut-être sa vie, si ce n'est déjà fait, mais on ne se refera pas. On est tel qu'on est et il faut s'accepter. Le premier choc de l'après-quarante ans est de s'apercevoir que certaines choses sont devenues impossibles, que sa vie est une ligne droite qu'on suivra jusqu'au bout. Peu de gens changent radicalement d'existence, passé la quarantaine. Les liens que l'on a tissés sont trop forts. Famille, enfants, crédit pour l'appartement, boulot qu'on veut à tout prix garder après avoir rêvé souvent d'en changer, vacances bien cadrées sur les vacances scolaires, habitudes... Le premier bilan est un constat, désormais la vie continue.

Pour que la maturité soit l'âge de l'épanouissement et non des premiers renoncements, il faut se prendre en charge, faire avec sincérité un « état des lieux » et commencer sérieusement à refuser de vieillir.

Couples : restez amoureux

On s'est aimés, on s'est mariés, on a fait des enfants qui commencent à grandir, trouvé la maison ou l'appartement, on se connaît « par cœur », les habitudes ont pris le pas sur la passion, on se dit moins souvent « Je t'aime » et, pour avoir l'air jeune, pour tester ses capacités de séduction, on regarde ailleurs. Mais l'aventure de l'un fait toujours le malheur de l'autre. Reproches, disputes, on ne réfléchit pas... La quarantaine est la première étape des couples qui ont résisté au divorce impulsif des toutes premières années de mariage. Étape souvent ratée : une grande partie des divorces survient après une dizaine d'années de mariage et nul n'en ressort indemne. Après des années de vie familiale, la séparation est un choc violent qui ébranle l'organisme tout entier et qu'on devrait soigner comme une maladie.

Le divorce atteint celui qui s'en va et doit quitter ses habitudes, repartir de zéro dans un amour nouveau forcément très prenant, construire une nouvelle vie, faire des projets comme on fait à vingt ans et paraître aussi jeune qu'à trente.

Il atteint celui qui reste, affronte la solitude sans savoir si elle ne durera pas toujours et remâche sa rancœur d'avoir été abandonné.

Il affecte les enfants malheureux, culpabilisés, coupés de l'un de leurs parents.

Sans compter les problèmes d'argent, les procédures de garde, les familles divisées, les amis auxquels on demande de prendre parti...

Parents et enfants doivent, à ce moment-là, s'exprimer, sans pudeur ni retenue, exhaler le maelström des sentiments. Un ami ou une amie de cœur, un cousin, une marraine... trouvez une oreille attentive et relativement neutre : il s'agit pour vous de parler, pour l'autre d'écouter, pas de mettre de l'huile sur le feu. Si vous n'avez personne, si vous vous sentez trop bouleversé pour vous en sortir seul, voyez, pendant quelques semaines, un psychothérapeute. Le divorce est un deuil, et parfois la culpabilité se manifeste. Comme toutes les crises, celle-là n'aura qu'un temps mais il faut la passer. Et pour en sortir indemne, il faut la passer le mieux possible.

• *Appliquez rigoureusement ma méthode pendant deux ou trois mois :* automassages, respiration, un peu d'activité physique, sont indispensables pour préserver votre santé et surmonter le stress.

• *Ouvrez-vous aux autres,* sortez, voyez des gens nouveaux qui, ignorant vos problèmes, vous obligeront à parler d'autre chose.

• *Élargissez vos centres d'intérêt,* pratiquez un nouveau sport, allez au théâtre alors que vous n'y alliez jamais, entrez dans une association...

• *Changez volontairement des choses dans votre vie* pour ne pas avoir l'impression qu'elle vous échappe. Redevenez maître de votre destin, même si vous n'avez pas voulu que ça arrive.

Certains couples, heureusement, passent haut la main cette première étape. Ils ont alors des chances de durer longtemps. Ils ont su évoluer ensemble, se pardonner mutuellement, passer sur les détails pour garder l'essentiel. Ces couples-là ont sans doute un sens plus grand des responsabilités, la capacité de contrôler leurs émotions, une meilleure harmonie entre leurs deux cerveaux. Ils ont su la préserver jusque-là. Soit que la vie ait été pour eux plus paisible, soit qu'ils aient compris très jeunes qu'il est important de se mettre en permanence en situation d'aborder sereinement les inévitables conflits et drames, petits ou grands, que la vie nous réserve.

Une sexualité épanouie

C'est vers 40 ans, quand on se connaît bien, quand on connaît mieux l'autre, quand on a passé la période de l'immaturité où le corps commande ; les années où la vie professionnelle, sociale, familiale, dévore toute notre énergie, et qu'on parvient à une certaine sérénité, que la vie sexuelle s'épanouit vraiment. À l'acte physique viennent s'ajouter la tendresse, le don de soi, la patience, l'érotisme. La relation gagne en profondeur, le plaisir est plus fort. Les femmes sont, à la quarantaine, plus sensuelles, plus sûres d'elles, plus libres, et souvent ce sont elles qui poussent leur partenaire vers un meilleur accomplissement. Plus entières, plus imaginatives que les hommes, elles ont l'art d'exprimer l'amour avant, pendant et après l'acte. L'amour devient alors fusion, l'harmonie se crée, à la fois physique et psychique. C'est la meilleure des thérapies.

Premiers bilans... de beauté

À 40 ans, on refuse généralement avec vigueur les moindres signes de vieillissement. On traque l'apparition d'une ride, la baisse de tonicité de la peau, les cernes sous les yeux, le ventre un peu moins plat, les petits capitons de cellulite.

Chirurgie esthétique, liposuccions, piqûres de Botox, laser, DHEA, vitamines... la course aux diverses techniques de rajeunissement et d'embellissement à la demande commence. Outre que la plupart de ces techniques ne font qu'arranger ici ou là un problème bien visible, outre leur coût souvent faramineux, le danger est de tomber dans une spirale qui ne s'arrêtera plus. N'étant jamais, et pour cause, totalement satisfaites du résultat, les femmes voudront toujours plus : plus lisse, plus plat, plus parfait. Combien d'entre elles ont, à la cinquantaine, déjà subi trois ou quatre opérations, sans y réfléchir, car une opération en entraîne presque systématiquement une autre ou plusieurs. Sans compter l'état dépressif qui s'ensuit le plus souvent.

Soigner son visage

C'est lui qu'on voit, lui qui révèle notre santé, notre jeunesse, notre forme, et, parce qu'il est à la fois exposé et fragile, lui qui souffre le premier des signes du temps qui passe.

Inutile d'attendre d'avoir 60 ans pour prendre soin de son visage : quelques gestes naturels, commencés très tôt et que l'on continuera à pratiquer, lui feront, sans piqûres ni opération, paraître dix ans de moins... ou plus. Sensible, comme tout l'organisme, aux radicaux libres, il souffre aussi de la pollution, du soleil, du tabac, de l'alcool, de l'excès de sucre, et surtout de la mauvaise santé du ventre.

Le massage du visage et de la tête

Le massage du visage embellit la peau, améliore sa souplesse et la rend plus tonique. Doux et en profondeur, il vascularise le tissu conjonctif et élimine, dans la majorité des cas, l'infiltration cellulitique.

On peut le pratiquer au moment choisi, pendant une dizaine de minutes (plus si vous le souhaitez), sur une peau nette et bien démaquillée.

Assise, les coudes sur une serviette posée sur la table, commencez par des effleurages, mains ouvertes, de toutes les parties du visage et de la tête, puis faites de légers malaxages avec vos doigts. En même temps, relaxez-vous et respirez profondément.

Accentuez ensuite vos manœuvres de malaxage, accompagnez-les de manœuvres de pincé-roulé (décollez la peau), et alternez avec des pressions-rotations en profondeur sur le front, la tête et le visage. Insistez particulièrement sur les muscles douloureux. C'est seulement avec ces dernières manœuvres que vous parviendrez à détendre et assouplir vos muscles contractés par la fatigue et le stress. En reprenant du volume, ces muscles qui maintiennent la peau redonneront des rondeurs à vos joues et empêcheront les rides de se creuser.

Le massage de la tête concerne tout le cuir chevelu. Insistez sur la ligne médiane qui va du front à l'arrière du crâne. C'est un excellent antistress, efficace pour lutter contre les états de déprime et l'anxiété et mieux dormir.

Ce massage, qui ne ressemble en rien à un massage esthétique classique, stimule les muscles en profondeur, les tonifie, et restitue l'élasticité de la peau.

Il apporte un bien-être psychique et physique à tout l'organisme, favorise le sommeil, exerce un effet bénéfique sur le système digestif.

Il n'est absolument pas dangereux. Faites-le à votre rythme, plus doucement les premiers jours, à n'importe quel moment, mais plutôt avant le coucher si vous avez des problèmes de sommeil.

Stimuler les muscles du visage : prononcez les voyelles en amplifiant au maximum l'ouverture et la fermeture de la bouche. Amusez-vous à faire toutes les grimaces imaginables.

Ennemis nº 1 : les radicaux libres

Tout le monde s'accorde aujourd'hui à dire que le vieillissement commence à l'intérieur de la cellule. Et que l'un des premiers facteurs de ce vieillissement de la cellule est la production de radicaux libres, groupements d'atomes dans lesquels un d'entre eux possède un électron non apparié à une autre cellule. Alors que les électrons vont normalement par paire, ces électrons « libres » car solitaires, qui se forment pendant le processus d'oxygénation de la cellule, sont particulièrement actifs et ils lèsent, notamment, les molécules d'ADN. Au bout d'un moment, ces lésions empêchent la cellule de proliférer et l'abîment. Les systèmes de protection des cellules lésées se détériorent.

Les radicaux libres jouent un grand rôle dans de nombreuses maladies dégénératives comme la maladie d'Alzheimer, l'athérosclérose, le cancer.

Ils sont également impliqués dans tous les phénomènes du vieillissement. Pour rester jeune, il faut donc lutter contre les radicaux libres, éviter leur prolifération et tenter de réduire leurs effets. Dans la cellule, les agents antiradicaux libres sont les antioxydants, dont les plus puissants sont les vitamines A (ou bêtacarotène), C et E. Ces vitamines se trouvant dans les aliments, c'est évidemment dans la nourriture qu'on ira les chercher.

Ainsi une bonne alimentation est-elle la première thérapie antivieillissement.

À proscrire : le tabac qui contient en nombre des radicaux libres.

Antioxydants contre radicaux libres

La vitamine C se trouve :

• Dans les fruits : orange, citron, pamplemousse, kiwi, banane, raisin, fraise, framboise, groseille, cerise, cassis, myrtille, pomme, poire...

• Dans les légumes : tomate, radis, concombre, brocoli, cresson, chou, poivron, toutes les salades.

• Dans les herbes aromatiques : persil, coriandre, cerfeuil, estragon, ciboulette, basilic...

La vitamine E se trouve :

• Dans les huiles végétales : olive, colza, germe de blé, arachide, soja.

• Dans les légumes et les fruits.

• Dans les oléagineux : noix, noisette, amande, cacahuète...

La vitamine A se trouve :

• Dans les légumes verts : épinard, haricot vert, brocoli, petits pois, chou, courgette, laitue, pissenlit...

• Dans les légumes jaunes ou rouges : poivron, carotte, potiron, tomate, pomme de terre, soja, oignon, échalote, ail...
• Dans certains fruits : pêche, mangue, abricot, melon, pastèque, banane.
• Dans les herbes aromatiques.

Premiers bilans... de santé

Êtes-vous capable de monter quatre étages, de courir ou de nager pendant dix minutes, de suivre vos enfants pendant une heure dans une randonnée sans vous essouffler ?

Oui ? Bravo.

Non ? Il est temps de vous reprendre en main. On a tort de brûler sa vie à 40 ans.

Faites votre propre check-up

Testez votre ventre, testez votre tête.

Des digestions difficiles, des coups de pompe, des douleurs et des plaques de cellulite au niveau des plexus (solaire, de l'estomac, du foie, de la vésicule biliaire, du pancréas, des reins), des difficultés à s'endormir ou à se réveiller, l'impression d'être trop souvent fatigué... appliquez ma méthode, je vous garantis que vous retrouverez votre forme en deux ou trois semaines.

Moins d'énergie, une baisse de moral, l'impression que vous vous emportez trop facilement, que vous avez du mal à prendre du recul, des coups de tristesse ? Harmonisez vos deux cerveaux, mangez lentement, marchez chaque jour pendant une heure, pratiquez ma respiration, vous retrouverez votre équilibre sans médicament.

Si les symptômes persistent ou s'aggravent, consultez votre médecin et faites un premier bilan : cholestérol, diabète, hypertension. Vous pourrez régler le problème facilement en réagissant vite.

Après 50 ans : un nouveau départ

Les médecins nous promettant de devenir centenaires, les cinquantenaires arrivent tout juste à mi-vie. Le temps est venu de s'armer pour profiter pleinement de ces années à venir en passant brillamment ces caps incontournables que sont l'andropause et la ménopause.

C'est l'heure d'un autre départ et nous avons, sur les générations qui nous ont précédés, l'avantage incroyable d'avoir encore du temps, et même beaucoup de temps. Avec l'espoir de garder, pendant de longues années, un corps agréable, une santé de fer et une mentalité de jeunes gens avec un peu de sagesse en plus. Nos grands-parents demandaient à leurs enfants de grandir « en force et en sagesse », les enfants peuvent aujourd'hui retourner l'adage à leurs parents. Car si l'on peut, au prix de quelques efforts, ne pas paraître son âge, si notre ventre peut avoir vingt ans, il faut en revanche savoir tirer les fruits de son expérience, utiliser le capital de savoir et de savoir-faire, de tendresse et d'indulgence, accumulé au long des années. La véritable assurance-vie, c'est l'harmonie, l'alliance de la force vitale et de la paix du cœur et de l'esprit. Il ne tient qu'à vous de les trouver.

Couples : soyez vigilants

Pour les couples, passé la cinquantaine, arrive la seconde étape : les enfants prennent leur indépendance et quittent la maison, et après tant d'années à veiller sur eux, à les soigner, à les soutenir, à les pousser en avant, il faut les aider à trouver leur propre liberté, un métier, un ailleurs où habiter. En attendant de devenir grands-parents.

On se retrouve à deux et il faut savoir gérer ces retrouvailles. Avoir encore des choses à se dire quand il n'est plus si important de régler en permanence les soucis quotidiens. Trouver un autre rythme, se rapprocher, faire ou refaire l'amour avec plus de tendresse.

Les cercles de famille

Parfois, les couples se sont séparés et ont refait leur vie chacun de leur côté, on doit alors aider à vivre en bonne intelligence ces cercles de famille qui parfois se croisent, se pénètrent, puis à nouveau s'éloignent. Il y a toujours des fêtes, mais ce ne sont plus les mêmes, on prépare des mariages, on devient beau-père et belle-mère, on met pas mal d'eau dans son vin pour éviter les conflits.

Côté boulot, ça va, mais on ne veut pas le perdre. Qui retrouve, aujourd'hui, un travail au-delà de cinquante ans ? On s'inquiète, on se retrouve parfois au chômage. Ces années que l'on croit paisibles sont celles où l'on doit, au contraire, faire preuve d'infinies capacités d'adaptation. S'il est un moment dans la vie où l'on doit entretenir sa forme, veiller sur soi et sur l'autre, c'est bien ce moment dont dépendent les vingt ou trente ans suivants de notre vie qui peuvent être, selon qu'on aura su s'y préparer ou non, le paradis ou un purgatoire.

Ménopause et andropause : les caps de la cinquantaine

Les mots sonnent comme des condamnations, aujourd'hui ils ne désignent pourtant qu'une étape, ni plus ni moins difficile que bien d'autres, que la médecine et quelques recettes aident à passer sans trop d'effets secondaires. En réalité, les mentalités évoluant moins vite que la science, nous gardons en tête des interdits, des craintes plus ou moins définies, nous y voyons le cap Horn, ce n'est que le cap Gris-Nez.

Femmes : des désagréments que l'on peut éviter

La ménopause est chez la femme un cap plus important que l'andropause chez l'homme. Techniquement, il s'agit d'un bouleversement hormonal inévitable, les variations des œstrogènes et de la progestérone conduisant à l'arrêt progressif de l'ovulation et des règles. Conséquence : on ne pourra plus avoir d'enfant. Deux médecins (l'un italien, l'autre roumain) ont réussi à provoquer des grossesses chez des femmes ménopausées. Pas plus que je n'estime responsable pour un homme d'être père, après 60 ans, d'enfants qu'il ne saura ou ne pourra élever, je n'ai d'indulgence pour des pratiques qui relèvent plus d'un apprenti sorcier que d'un praticien responsable. La première différence entre l'homme et la femme est néanmoins là : au-delà d'un certain âge, elles n'auront plus d'enfants, ils en auront aussi longtemps qu'ils le souhaiteront.

Des traitements en accusation

Les manifestations cliniques de la ménopause sont connues : bouffées de chaleur, prise de poids, poitrine et jambes douloureuses, baisse de la libido et de la confiance en soi. Certaines femmes n'ont à subir aucun de ces inconvénients, certaines en souffrent beaucoup. Injustice de la nature dont on ne connaît pas l'origine.

Depuis de très nombreuses années, tous les gynécologues proposent des traitements hormonaux substitutifs aux avantages certains : les bouffées de chaleur disparaissent, la libido remonte, la peau, les cheveux, les ongles sont en meilleur état. Ces hormones de synthèse sont de surcroît censées diminuer les risques d'ostéoporose, cette lente dégradation des os qui provoque chez les vieillards des fractures handicapantes de la hanche, du fémur ou du genou. La panacée, en somme.

Hélas, il s'agit de traitements au long cours que l'on prend chaque jour pendant plusieurs années. Certains médecins émettaient quelques doutes sur leur innocuité, mais, poussés par la forte demande des femmes, on a continué à les prescrire massivement. Aujourd'hui, ces traitements sont mis officiellement en accusation.

Le premier rappel est venu d'une étude américaine. Conduite en 2002, elle a montré une augmentation de 25 % du risque de cancer du sein et une hausse du risque d'infarctus du myocarde chez les femmes sous œstrogènes et progestatifs de synthèse. Le risque, en revanche, n'augmentait pas chez les femmes traitées aux œstrogènes seuls. En 2003, une enquête anglaise confirmait ces résultats. Plus de dix ans auparavant, une étude française était déjà arrivée à peu près aux mêmes conclusions. En revanche, elle montrait que le risque n'existait pratiquement pas lorsque les œstrogènes et progestatifs administrés étaient des hormones naturelles micronisées pour être prises par voie orale. Des résultats que l'on aurait dû confirmer par une autre enquête d'envergure... qui n'a toujours pas été lancée !

La communauté médicale est désormais en alerte et on saura bientôt quels traitements prendre, et dans quelles conditions, ou ne pas prendre. Quels que soient les résultats des enquêtes en cours ou à venir, la prudence s'impose.

Des traitements naturels

Sachez que certains traitements naturels ont les mêmes effets que les hormones de synthèse sans en avoir les inconvénients.

Certaines études ont en effet montré que la chute des œstrogènes peut être compensée par des apports en phyto-œstrogènes, c'est-à-dire des œstrogènes végétaux parfaitement naturels que l'on peut acheter sous forme de gélules dans les pharmacies et les parapharmacies. Parmi eux :

• *Le soja*, ou haricot d'Asie, que l'on peut accommoder de différentes façons : frais en salade, en farine, en grains, sous forme d'huile ou de lait.

Les Asiatiques l'appellent la « plante miraculeuse ».

• *Le yam sauvage*, composant naturel utilisé depuis des siècles par les Indiens d'Amérique du Nord et les Aztèques.

Les laboratoires pharmaceutiques proposent ces plantes sous forme de comprimés, de crèmes, d'huiles de soin.

Dans tous les cas, variez au maximum votre alimentation, diminuez la consommation de matières grasses, choisissez des aliments riches en :

• *vitamines B* (les légumes secs et le soja, les œufs, le foie, la volaille, le poisson, les dattes, les figues) ;

• *vitamines E* (les légumes verts : chou, salade, épinards, asperges, et rouges : tomate, carotte, dans les huiles végétales, les oléagineux, les œufs) ;

• *oméga 3* (huiles de colza, d'olive..., poissons gras : sardine, saumon, thon.

Hommes : la libido en question

Les hommes subissent généralement (mais pas toujours), aux alentours de la cinquantaine, une baisse de l'hormone mâle, appelée testostérone. Mais outre que chez eux la fonction de procréation n'est pas atteinte, ils ne connaissent pas de manifestations aussi spectaculaires que celles qui affectent les femmes. L'andropause n'est en fait qu'une hypothèse biologique et de nombreux médecins contestent même son existence. Ça n'en est pas moins psychologiquement un cap difficile qui s'accompagne de réactions exacerbées. Pour se prouver qu'il est encore jeune, l'homme se cherche, se lance dans des aventures, fait la fête, change de look.

Biologiquement, les changements masculins sont au contraire plutôt lents et progressifs. Ils concernent généralement la libido et la puissance sexuelle, et, dans 90 % des cas, ce symptôme est d'origine psychologique, ou provoqué par l'usure du couple.

Lorsque le désir est là mais que des troubles de l'érection apparaissent, il faut éliminer d'abord les facteurs liés à l'hygiène de vie : tabac, alcool, alimentation déplorable. Si le problème est purement mécanique, la tendresse et l'inventivité de leur partenaire devraient arranger les choses. À défaut, des médicaments comme le Viagra (à consommer avec modération), ou les autopiqûres dans la verge de substances naturelles (minuscules et non douloureuses) permettront de retrouver une érection normale. Personnellement, je pense que le retour à une vie un peu plus saine, une bonne alimentation et une heure d'exercice physique par jour valent tous les Viagra du monde !

Que l'on soit homme ou femme, cette crise n'est qu'un palier, pas une fin. La vie, en particulier la vie sexuelle, ne s'arrête pas à la cinquantaine. C'est peut-être « dans la tête » que ménopause et andropause font le plus de ravages. On imagine que l'on sera moins performant, moins désirable, on pense que l'on vieillit d'un coup, que l'on passe de l'autre côté. Les femmes sont soudain moins sûres d'elles, les hommes brutalement trop sûrs d'eux. Elles se cachent, ils se montrent. Elles se laissent aller, ils jouent les coqs, cherchent à se rassurer sur leur virilité avec des filles très jeunes qu'ils épousent parfois, quitte à le regretter ensuite. On peut faire, pour de mauvaises raisons, de grosses bêtises à 50 ans !

Il n'existe aucune raison biologique pour ne plus faire l'amour après 50 ans. Au contraire, il existe toutes les raisons du monde pour continuer avec autant de plaisir qu'avant. Les idées reçues sont toujours de mauvaises idées. Nous connaissons tous des femmes d'un certain âge dont les amants ont moins de 30 ans, des hommes de 60 auxquels des jeunes filles de 20 ans font les yeux doux. Dans les maisons de retraite, il arrive que deux pensionnaires se marient à plus de 70 et même à 80 ans. Ne renoncez ni à l'amour, ni à la tendresse, ni aux caresses.

Attention aux kilos !

L'un des dangers réels de la ménopause et de l'andropause est de prendre du poids. Et même si les raisons de grossir sont aussi, sinon plus, psychologiques qu'organiques, il est bon de s'en préoccuper. Chez la femme, la silhouette a tendance à s'épaissir, la cellulite se fixe sur le ventre, autour de la taille, sur les fesses et les cuisses.

Chez l'homme, les bourrelets apparaissent autour d'un ventre qui gonfle vers l'avant.

Il faut absolument lutter contre ces kilos supplémentaires, parce qu'ils vous vieillissent et deviendront, si on les laisse s'accumuler, très difficiles à perdre. Mais surtout parce qu'ils représentent un risque non négligeable pour la santé puisqu'ils sont l'indicateur du syndrome métabolique. Caractérisé par l'accumulation de la graisse abdominale, mesuré par le tour de taille, ce syndrome est un facteur multirisque qui expose au diabète, aux maladies cardio-vasculaires et à l'hypertension artérielle.

• *Mangez moins :* plus on avance en âge plus on a tendance à « profiter » ! Mangez de tout comme avant, mais en plus faible quantité.

• *Mangez sain,* en privilégiant les aliments contenant des antioxydants.

• *Ne grignotez pas :* contentez-vous de manger normalement aux trois repas quotidiens.

• *Supprimez les sucres rapides.*

• *Buvez* un litre et demi à deux litres d'eau par jour.

Le sport encore

Pratiquez une activité physique d'endurance ou marchez, sans forcer mais chaque jour. Depuis plus de quinze ans, toutes les études montrent que la pratique régulière d'une activité physique diminue les risques de maladies cardio-vasculaires et augmente l'espérance de vie.

Et non seulement cette activité vous maintiendra en forme, mais, en protégeant votre cœur, elle améliorera les performances de votre cerveau. Des études prouvent en effet qu'améliorer sa forme cardio-vasculaire aide à réduire les effets biologiques et cognitifs de la sénescence. En un mot : si votre cœur et vos vaisseaux sont en bonne santé, votre cerveau et votre mémoire fonctionneront mieux et vous serez plus apte à acquérir de nouvelles connaissances. Les recherches conduites en laboratoire sur des animaux montrent que le nombre des connexions synaptiques augmente et qu'apparaissent même de nouveaux neurones ! Si vous n'êtes pas un fervent adepte de la natation ou de la marche, il n'est pas trop tard pour vous y mettre. Les résultats se feront sentir en quelques semaines.

Le poids « idéal »

Il n'existe pas de poids « idéal », mais il existe un poids de forme. Chacun, s'il est honnête avec lui-même, connaît le sien. Néanmoins, si vous avez des doutes, vous pouvez comparer votre poids à ce que l'on appelle l'indice de poids corporel (IPC) communément admis comme norme de référence :

Divisez votre poids corporel (exprimé en kilos) par le carré de votre taille (exprimé en m^2)

Si vous pesez 60 kilos et mesurez 1,60 m, votre IPC est de 60 : (1,6 × 1,6 = 2,56) = 23.

Selon l'Organisation mondiale de la santé :

Un IPC inférieur à 18,5 indique une insuffisance pondérale,

un IPC supérieur à 25 indique un surpoids,

un IPC supérieur à 30 indique une obésité.

L'IPC moyen se situe entre 18,5 et 25.

Faites le bilan

À partir de la cinquantaine, il est utile de faire régulièrement des bilans de santé. Pour la plupart d'entre eux, les médecins savent fort bien à quel intervalle ils doivent être pratiqués. N'en faites pas trop, ce serait inutile, mais ne négligez pas cette forme de prévention active. Toute maladie se guérit d'autant mieux qu'elle a été diagnostiquée plus tôt.

Les femmes. Voyez une fois par an votre gynécologue qui vous prescrira un frottis et tous les deux ans une mammographie. N'oubliez pas que 10 % des femmes développent un cancer du sein.

Vérifiez que vous n'avez pas d'ostéoporose.

Vérifiez votre cholestérol : son excès, longtemps réservé aux hommes, touche aussi les femmes depuis qu'elles mènent à peu près le même genre de vie que leurs compagnons.

Les hommes. Faites des examens de dépistage.

- du diabète,
- de la prostate,
- du cholestérol,
- de l'athérosclérose (maladies cardio-vasculaires).

Pour garder le moral, rajeunissez !

Non seulement il n'existe aucune raison valable de perdre le moral en passant la cinquantaine, mais il devrait être meilleur que jamais. Que vous viviez à Paris ou en province, seul ou en couple, que vous ayez beaucoup ou peu d'argent, vous avez l'opportunité de réfléchir sur vous-même et de préparer tranquillement la vie que vous souhaitez avoir lorsque vous serez à la retraite.

Jamais la société n'a été aussi ouverte d'esprit. On peut faire des dîners sans se demander si on sera un nombre pair à table, aller au cinéma toute seule, vivre avec un homme quand on est un homme et une femme quand on est une femme, chercher ses amis (ou plus si affinités) sur Internet, travailler pour une association caritative ou une ONG, s'inscrire à un club de kung-fu, superviser les devoirs des enfants de la voisine ou apprendre l'astrologie... Le menu est immense et on dîne à la carte. Rien n'est fini, tout commence. Voici quelques idées pour commencer à réfléchir.

Mélangez travail et plaisir

Vous travaillez encore ? Profitez-en. Votre carrière a peu de chance de faire un bond en avant, mais vous pouvez continuer à avancer. Le travail, quel qu'il soit ou presque, est un enrichissement. On y trouve non seulement des centres d'intérêt, mais des amis et l'occasion de montrer ce que l'on vaut. Vous avez acquis une expérience, montrez-le, aidez les jeunes embauchés, partagez votre savoir-faire. Lorsqu'on court moins après les honneurs et les promotions, lorsqu'on n'est plus seulement guidé par l'ambition et la volonté de réussir, on peut, avec beaucoup moins de stress, trouver dans son job un enrichissement intellectuel et social.

Faites-vous de nouvelles relations

Vous ne travaillez pas, ou plus ? Nouez ou renouez des amitiés, faites des rencontres, créez les occasions de vous faire de nouvelles relations. Que vous aimiez faire du sport, jouer aux cartes ou écouter de la musique, il y a toujours un club ou une association où s'inscrire. Avec l'avantage d'y rencontrer des gens qui s'intéressent aux mêmes choses que vous.

Intéressez-vous à ce qui intéresse les jeunes

Vous pouvez préférer Jean-Sébastien Bach et Alain Souchon au rap et à la techno. Vous pouvez regretter le temps des longues lettres, des cartes postales et des albums photo. Apprenez, on n'est pas forcé de vieillir idiot. Si vous êtes de ceux qui refusent d'approcher à moins d'un mètre un ordinateur, baissent le son dès qu'ils entendent de la techno, il est temps de vous y mettre. Vous risquez sinon de passer tout le reste de votre vie avec des copains et copines nettement plus vieux que vous et d'avoir du mal à rire avec vos petits-enfants.

Aimez les autres

Aimez les autres, ils vous le rendront. Ne critiquez pas en permanence ceux qui vous entourent et, s'ils ont parfois tort, faites-vous une raison. Quelqu'un posait récemment cette question que nous devrions tous méditer : « Tu veux être heureux ou avoir raison ? » On fuit généralement comme la peste les donneurs de leçons.

Aidez les autres

Vous trouvez la société égoïste et indifférente ? Soyez généreux et attentif. Nul besoin d'aller au Sri Lanka pour trouver quelqu'un à aider et protéger. La jeune mère qui vit juste au-dessus de chez vous a peut-être besoin d'un coup de main de temps en temps. La vieille dame solitaire qui vit au coin de la rue serait sans doute heureuse d'avoir une visite. Il y a dans les hôpitaux des enfants auxquels personne n'a le temps de raconter une histoire... On peut toujours faire quelque chose pour les autres. Cherchez maintenant, lancez-vous, vous aurez encore plus de temps dans quelques années.

Entraînez votre cerveau

Votre cerveau ne vieillit pas, nous l'avons vu, mais il peut s'endormir si vous ne le sollicitez pas.

Faites des mots croisés, lisez des livres et des magazines, et surtout ne considérez pas que la télévision est l'alpha et l'oméga de la culture. Pour activer ses neurones, il faut autre chose qu'un feuilleton sur Série Club. Faites le test : si vous dites plus de trois fois par jour : « Je n'arrive plus à m'en souvenir », ou : « Je ne connais rien sur ce sujet », ou encore : « De mon temps, on ne faisait pas comme ça », il est urgent de faire faire un peu de gymnastique à votre cerveau.

Si vous aidez vos petits-enfants à faire leurs devoirs, révisez votre histoire et votre géographie.

Si vous partez en vacances, renseignez-vous sur la région ou le pays où vous allez.

Mettez-vous aux nouvelles technologies.

Devenez imbattable sur un sujet que vous aurez choisi...

Osez

Quand on est jeune, on n'ose pas. Quand on vieillit, on n'ose plus...

Pourtant, il faut oser pour vivre à plein régime.

Osez être vous-même, sans forfanterie, mais sans tricherie.

Osez faire ce que vous n'avez jamais fait, aller dans des endroits où vous n'êtes jamais allé. N'ayez pas peur de l'inconnu.

Osez dire que vous ne comprenez pas ou que vous ne savez pas, mais tirez-en la conclusion que vous devez apprendre.

Osez exprimer vos opinions, vos désirs, et surtout vos sentiments.

N'économisez pas votre cœur.

Osez chambouler, parfois, vos habitudes.

Osez un excès de temps en temps : un bon gueuleton, deux coupes de champagne, une bonne soirée prolongée.

Bannissez la peur et la honte qui paralysent, créent des frustrations... et des radicaux libres.

Après 65 ans : les autres bonheurs de la vie

Dernière ligne droite, dernière étape, mais, attention, si l'on en croit les statistiques d'espérance de vie, elle risque d'être longue. Robert Rochefort, directeur du Credoc (Centre de recherche pour l'étude et l'observation des conditions de vie), estime que « l'entrée dans la vieillesse s'établit en moyenne entre 76 et 77 ans. On est donc, aujourd'hui, vieux à 78 ans, mais ce seuil recule évidemment à la même vitesse que l'espérance de vie ».

La bonne nouvelle est que les retraités sont heureux et en excellente santé. C'est le très sérieux Institut national d'études démographiques qui l'affirme. S'appuyant sur une enquête qui a concerné plus d'un millier d'hommes et de femmes, tous anciens salariés ayant pris leur retraite à 60 ans. Premier bilan notable : la retraite n'est plus du tout ce qu'elle était. On fait aujourd'hui à 75 ans la même chose qu'à 60 il n'y a pas si longtemps, 44 % des retraités se déclarent « débordés » et même les 12 % qui restent chez eux et se retrouvent un peu isolés déclarent ne pas s'ennuyer.

Il est donc bon, désormais, de vieillir en âge puisqu'on peut éviter ce qui faisait de la vieillesse un âge difficile : la souffrance, la maladie, la diminution des facultés. Et si douceur et tolérance viennent tempérer énergie et dynamisme, si on en fait « un peu moins », une grande liberté succédant aux contraintes est un plaisir dont ne cessent de se féliciter les retraités. Le temps est enfin venu d'en profiter.

Préparez votre départ à la retraite

On a beau dire et redire que prendre sa retraite demande une préparation, la plupart d'entre nous ne s'en préoccupent qu'à partir du jour où ils n'ont plus rien à faire. Lorsque le vide succède au plein, et une apparente inaction à l'action, il faut un temps d'adaptation pour retrouver ses marques. Si vous avez lu les chapitres précédents, et suivi quelques-uns de mes conseils, prendre votre retraite sera un vrai bonheur. Si ce n'est pas le cas, il n'est pas trop tard pour remplir votre nouvelle vie.

Ne vous mentez pas

La première condition pour vivre agréablement cette nouvelle forme de vie est de l'affronter en toute connaissance de cause. Cette autre vie peut être meilleure que la précédente si on renonce aux frustrations, si on accepte quelques renoncements (la retraite suppose aussi de se construire d'autres relations familiales et sociales), et si l'on prend la mesure du temps qu'il faudra occuper en trouvant en soi-même des ressources d'enthousiasme pour faire de nouveaux projets.

Il n'est pas inutile, parfois, de consulter un psychothérapeute ou un thérapeute manuel pour passer le cap : une écoute amicale et désintéressée et quelques conseils judicieux peuvent se révéler une aide fort utile dans les premiers mois d'inactivité.

Tant qu'on a la tête

Inutile de vous abriter par paresse derrière des aphorismes du genre : « Je n'ai plus la tête » ou « À mon âge, je n'arriverai jamais à me mettre ça dans la tête » puisque les neurosciences démontrent aujourd'hui que le cerveau se renouvelle tout au long de la vie. À n'importe quel moment, il est capable de fabriquer de nouveaux neurones, d'établir de nouvelles connexions, de développer ses fonctions, de suivre de nouveaux apprentissages. La théorie dite de la « plasticité cérébrale » explique qu'en fonction des expériences, qu'elles soient cognitives, affectives ou psychiques, le cerveau se modifie, s'adapte, est en constant remaniement. Il peut aussi s'endormir si on ne le sollicite pas. Notre cerveau ne demande qu'à apprendre, il ne dépend que de nous qu'il garde à jamais son tonus. Donnez-lui des idées neuves, des sentiments, nourrissez-le de nouveautés, surprenez-le, il répondra.

Tant qu'on a la santé

Faites un bilan de santé : on n'est pas heureux quand on est malade. Les dépistages sont rapides, bien faits, généralement indolores et gratuits. Prenez contact avec votre médecin traitant ou un centre de la Sécurité sociale. Cette vérification des principaux indicateurs de votre santé vous permettra de repartir du bon pied, et, si un problème existe, de le traiter sans attendre. C'est sans doute parce que la prévention est en France bien organisée que les seniors affichent volontiers une excellente santé.

Lorsque ce dépistage des principales affections aura été fait, occupez-vous de vous.

Le sport toujours

Veillez particulièrement à conserver une activité physique pour préserver vos os, vos muscles, vos articulations. Ne forcez pas, allez à votre rythme, ne vous fatiguez pas. On peut, à tout âge, marcher, pratiquer une gymnastique doucc, nager...

Le cœur et les poumons

L'exercice physique, outre qu'il fortifie le système cardio-vasculaire, aide à maintenir la posture et l'équilibre, prévenant ainsi les chutes dont le risque augmente quand on avance en âge. Au-delà de 70 ans, la capacité respiratoire a tendance à diminuer et on peut perdre jusqu'à un kilo de muscles par an si on ne bouge pas.

Les os

Les os aussi se transforment et, à un âge avancé, la masse osseuse peut avoir diminué de moitié. Les besoins en calcium augmentent parallèlement. Chez les femmes, l'équilibre phosphocalcique devient plus précaire (c'est l'ostéoporose). Pour préserver sa masse osseuse, il est primordial de pratiquer une activité physique douce et régulière et d'avoir une alimentation équilibrée.

Les muscles

La masse musculaire ne diminue de volume et ne perd sa force que par manque d'activité. Raison de plus pour continuer ou reprendre une activité physique. Même si on n'a pas pratiqué pendant plusieurs années, on récupérera les muscles perdus. Les synapses musculaires, c'est-à-dire les connexions entre l'influx nerveux et les muscles, se renouvellent à chaque exercice.

Plus on avance en âge, plus il faut donc s'entretenir, mais pratiquer, sans esprit de compétition ni recherche de performances, un sport que l'on aime est un plaisir dont il serait dommage de se priver.

Et même les défenses immunitaires

Au dernier congrès de l'American Physiological Society, on a montré que l'exercice physique augmente les défenses immunitaires, et notamment les lymphocytes tueurs, chez les personnes âgées, de même qu'il diminue le taux de cholestérol dans le sang.

Mangez : ni trop ni trop peu

La plupart des retraités commencent par grossir parce qu'ils ont moins d'activités et ont tendance à grignoter. À ce moment-là, il faut au contraire augmenter ses activités physiques et diminuer son alimentation.

Plus tard, au contraire, on a tendance à ne pas manger assez ou toujours la même chose. Parce qu'on a moins faim et qu'on remplit moins le réfrigérateur. Il est pourtant essentiel de manger suffisamment pour ne pas créer de carences, notamment en vitamines et oligo-éléments.

Pour faciliter l'assimilation et l'élimination, veillez particulièrement à la santé de vos dents. Un abcès dentaire peut entraîner un abcès du poumon.

Buvez plus pour compenser la diminution naturelle de salive.

Faites des efforts

Même s'il vous arrive de vous demander : « À quoi ça sert ? », ne vous laissez jamais aller. Le matin, après votre toilette, habillez-vous, coiffez-vous. Gardez votre coquetterie. La tenue robe de chambre-charentaises est sûrement confortable, mais elle donne à n'importe qui vingt ans de plus. Elle n'est heureusement plus en vigueur.

Dans la typologie des retraités établie par l'Ined, on trouve les « retraités actifs » qui débordent d'activités, font du sport et du bricolage, se cultivent, adhèrent à une association, sortent beaucoup, voient leurs amis et leur famille. À l'autre bout de la chaîne, les « retraités isolés » conjuguent une grande solitude et peu d'activités de loisir, sportives ou culturelles, n'aiment ni les vacances ni la télévision, ont peu d'amis et ne téléphonent pratiquement jamais. Entre les deux, toutes les situations sont possibles.

Pour ne pas entrer dans la catégorie des « isolés », même si les hasards de la vie font que vous êtes seul, sortez de votre cocon, voyez vos amis, faites le premier pas, ils feront les autres. Comme avant, soyez ouvert, curieux, continuez à découvrir, à apprendre.

Faites-vous plaisir

Soyez content de vous, respectez-vous, et faites-vous plaisir. Communiquez, rencontrez les autres, parlez. Ne vous renfermez jamais sur vous-même. Les plaisirs sont de toutes sortes et tous sont bons à prendre : faites la cuisine pour vos amis et recevez-les gaiement. Allez au cinéma, lisez, écoutez la radio, intéressez-vous. Avoir du temps doit être l'occasion de multiplier les activités enrichissantes, ce qui ne veut pas dire ennuyeuses. Car votre pire ennemi, justement, c'est l'ennui.

Cultivez l'amour

Cultivez l'amour de vos enfants et petits-enfants, de vos amis, de vos proches. Suscitez la tendresse autour de vous, on saura vous la rendre. Ouvrez grand votre cœur : la générosité, l'indulgence, la tendresse sont les vertus de l'âge qu'on acquiert lorsqu'on n'a plus rien à prouver.

Soyez légers

Entourez les vôtres d'affection, notamment vos enfants, mais ne les envahissez pas. Ils ne sont pas à la retraite et les beaux-enfants voient rarement d'un bon œil les intrusions au sein de leur ménage. Allez les voir lorsqu'ils vous invitent, recevez-les, gardez vos petits-enfants quand ils vous le demandent, mais évitez les conseils qu'on n'attend pas, les remarques acerbes sur l'ordre qui ne règne pas dans les chambres, et les menus surgelés « qui vont leur faire du mal ». En un mot, soyez discrets, et ne leur rappelez pas sans cesse ce que vous avez fait pour eux. Ils le savent.

Ne renoncez à rien

Vous avez (presque) tous les droits et vous êtes en forme. Ne renoncez à rien, surtout pas à votre jeunesse. Mieux vaut être la vieille dame indigne que de ne parler que du passé ou de ses petits maux.

Certains de mes amis qui ont dépassé soixante-dix ans se retrouvent régulièrement. Seule consigne pour que leurs soirées soient toujours aussi légères et gaies : que personne n'aborde à aucun moment ses problèmes de santé.

L'humour, le rire et la gaieté sont vos meilleures armes antisolitude.

Nous avons passé en revue toutes les grandes étapes de la vie. Vous savez comment passer en douceur non pas de la jeunesse à la vieillesse, mais de la première à la deuxième et à la troisième jeunesse.

Il est possible que vous ayez sauté une étape, même plusieurs, rassurez-vous, ce n'est pas grave. À tout moment de sa vie, on peut regagner le temps perdu. Il faudra peut-être faire un peu plus d'efforts, faire preuve de vigilance et d'optimisme, mais la réussite est certaine.

J'ai soigné, tout au long de ma vie, des patients très âgés, d'autres très malades. Certains avaient mené une vie épuisante, subi des traumatismes, souffert, mangé, ou bu plus que de raison, avalé trop de somnifères et de médicaments, tous ont récupéré leur énergie, leur moral, leur jeunesse.

Mais on n'a rien sans rien : ils ont pris la peine de soigner leur ventre, pratiquer ma méthode, respirer, bouger, s'alimenter correctement et surtout communiquer.

Ce n'est pas difficile si on sait qu'on y gagnera le bien-être intérieur et la force de vivre pleinement sa vie. Certains ont vendu leur âme au diable pour conquérir l'éternelle jeunesse, mais ils se sont perdus. Sans âme, la jeunesse n'est qu'un leurre.

Jolie histoire en forme de *happy end*

Depuis peu, une énorme affiche fait se retourner les passants à Times square, une des plus grandes places de Londres, et sourire les lecteurs de la presse britannique. On y voit le visage d'Irène, arrière-grand-mère de 96 ans promue mannequin pour une marque de cosmétiques. « Ridée ou merveilleuse ? », demande l'affiche qui pose en toutes lettres une autre question : « La société accepterat-elle un jour que vieux rime avec beau ? » « J'ai participé à la campagne pour être l'ambassadrice des personnes âgées et montrer que nous avons encore beaucoup à offrir. Nous ne sommes pas périmées », répond Irène.

Si vous vous prenez en charge, si vous décidez d'être le maître de votre destin, si vous vous dites : « J'y arriverai parce qu'il le faut, et parce que je le veux », vous réussirez. Car le secret, le seul, c'est l'action.

Les thérapeutes, quels qu'ils soient, sont là pour les moments difficiles, les situations périlleuses dont on sent qu'on ne pourra se sortir soi-même. Ce ne sont pas les cas les plus courants. Un ami, un médecin, un psy, peuvent aider à passer un cap. La décision de vous prendre en charge puis d'assumer cette décision n'appartient qu'à vous.

Si vous avez lu ce livre, vous le savez : votre meilleur médecin c'est vous. Bien sûr, il faut y mettre du vôtre, renoncer à quelques mauvaises habitudes pour en prendre de meilleures, mais vous serez étonné du résultat et de la rapidité des progrès que vous constaterez. Je vous le promets.

N'hésitez pas. Votre jeunesse est là qui vous attend.

Table des matières

Préface 11
Introduction 15

LE VENTRE EST LA SOURCE DE LA JEUNESSE

Les symptômes du vieillissement prennent naissance dans une souffrance du ventre 30
Mal de ventre et mal de vivre 30
Soigner son ventre pour garder sa jeunesse 31

Le ventre est un second cerveau...... 33

Soigner le ventre pour libérer la parole ... 34
Massages en profondeur.................. 35
La molécule de l'obésité abdominale..... 37
Apprendre à lire un ventre 38
La peur de vieillir est mauvaise conseillère 39
On nous ment et nous le savons 40
Quelques données scientifiques pour rassurer les sceptiques 42

Entre ventre et cerveau : les neurotransmetteurs 43
Le ventre est une « usine à neurones » ... 44
L'indépendance du ventre 45
Préserver son ventre pour préserver ses forces vitales 46

Soigner son ventre 48

Masser son ventre 50
Oxygéner son ventre 52
Tenez-vous droit.......................... 53
Abdominaux : le bon moment 54
Sport contre cholestérol 54
Campagne anti-paresse 55

Le ventre a besoin de rire 57

Nourrir son ventre : mon anti-régime.......................... 59

Quelques grands principes 60
Ennemi n° 1 : l'excès de fermentation intestinale 60
Une pathologie reconnue................ 61
Attention à l'excès d'acidité 62
Alerte aux radicaux libres............... 62
Alimentation et états d'âme............ 64
Mon code du bien-manger................. 64
On ne mange pas seulement pour calmer sa faim 65
Attention, poisons 66
Supprimez définitivement : le tabac..... 66
Buvez avec modération : les alcools 67
N'en abusez pas : les sucres rapides 67
Évitez : les acides gras saturés 68

Un peu mais pas trop : le sel 68
Écoutez votre instinct 69
Les faux amis 69
Le lait et les laitages 69
Les céréales 71
Les amis 71
Les sucres lents 71
Les omega 3 naturels 72
Entre le cru et le trop cuit 72

Ma journée santé-jeunesse 75

Le petit déjeuner vitalité 75
Le déjeuner énergie 78
Pour les gens pressés 78
Pour ceux qui ont le temps 78
Le goûter détente 79
Le dîner douceur 79
Si vous êtes fatigué 79
Si vous êtes en pleine forme 80
Dînez tôt 80
Les amis de votre sommeil 81

UN CERVEAU JEUNE
POUR TOUTE LA VIE

Le ventre est aussi la source
de la jeunesse de l'esprit 89

Ma méthode :
la « psychothérapie manuelle » 91
La psychanalyse n'est pas le bonheur 92

Toute méthode qui vise à guérir doit être globale 94
Les neurosciences découvrent le dialogue entre l'esprit et le corps 96

Comment garder son cerveau en grande forme 99

Le cerveau doit respirer pour vivre 99
Une minute trente par heure 99
• Comment respirer 100
Respectez vos rythmes naturels 102
Il faut respirer comme on prie 104
Le cerveau a besoin d'activité... physique . . 105

Le cerveau se nourrit par le ventre 107

Les neurotransmetteurs influencent nos goûts 107
Nos deux cerveaux ont faim en même temps 109
Les aliments bons pour le ventre sont bons aussi pour le cerveau 110
Les amis 110
Les poisons 111
Cerveau et dépendances 113
Médicaments tueurs 114
Et pseudo-médicaments escrocs 116
Les bonnes et les mauvaises plantes 117

Le tempo du cerveau 119

Le cerveau a besoin de sommeil 120
Le sommeil est le réparateur du cerveau . 121
Les rythmes du sommeil sont une réalité biologique 121
Quand dormir fait maigrir 122

Bien dormir, ça s'apprend 123
Simple comme le jour et la nuit 124
• Petite recette infaillible pour les insomniaques 125

Le cerveau est un décodeur 127

L'odorat 127
Le goût. 130
Salive : l'eau à la bouche 131
L'ouïe 132
Entendre, c'est communiquer 133
La vue 134
Les yeux et le regard 134
Quand l'œil se fait psychothérapeute 135
Le toucher 137
Touchez-vous les uns les autres 138
De l'importance des caresses 139
Les mains sont des magiciennes 140
La peau est le miroir de l'âge 141
• Les bienfaits de l'hydrothérapie 142

Mémoire :
le cerveau n'oublie rien 143

Le manque de mémoire n'existe pas 144

Le cerveau a besoin de plaisir 146

Les plaisirs n'ont pas d'âge 146
Parlez, communiquez, exprimez-vous 148
Parler, c'est mieux se connaître soi-même 149
• Minitest : Êtes-vous communicatif ? 150
Soyez curieux 151
On a toujours quelque chose à apprendre 151
Faites des projets 152
• Minitest : Êtes-vous curieux ? 153

Cultivez vos désirs 153
Choisissez vos désirs 154
• Minitest : Savez-vous désirer ? 155
Ne vous résignez jamais sans raison 156
• Minitest : Êtes-vous un résigné ou un battant ? 157

Une âme d'enfant 158

L'AMOUR, TOUJOURS L'AMOUR

Deux millénaires d'obscurantisme 163
La molécule de l'amour 165
On peut mourir par manque d'amour 165

Le corps ne s'use
que si l'on ne s'en sert pas 167

L'amour en panne 168
Un idéal de couple 168
Le grand air de la séduction 169
Les hommes ne se sentent plus à la hauteur 170
L'amour se cultive 171
L'amour ne va pas de soi 172

L'amour est bon pour le moral 174

La chimie de l'amour 174
L'amour nous rend meilleur 176

LES 7 ÂGES DE LA VIE

De 0 à 10 ans :
armez-les pour la vie 183

Il faut savoir devenir un parent 184
Préparez sa venue 186
Avant : cessez de fumer 186
Pendant : prenez soin de vous 186
Baby-blues 188
Rien ne vaut le lait maternel 189
Apprenez-lui à manger de tout 191
Sucre = danger 191
Les huit commandements de l'alimentation infantile 193
Bougez avec eux 194
Aimez-les, écoutez-les 195
Sachez dire non 197
Sachez dire oui 197
Vous êtes son modèle 198

De 10 à 18 ans : les ados 199

L'âge de tous les dangers 200
Écoutez leurs appels au secours 200
Les pathologies du corps 201
Alcool et cannabis : les drogues des ados 203
Destination santé 204
L'alimentation ne doit pas être une maladie 205
Obésité, danger ! 205
Interdits : les cigarettes, l'alcool, les excitants 206
Mais ne tombez pas dans l'excès d'interdits 207

Faites-les bouger 208
Laissez-les dormir ! 209
Parlez-leur d'amour 209
Éveillez leur intelligence et leur esprit 210
Un peu de culture ne peut pas faire de mal 210
L'âge des révolutions 210
• Halte aux tranquillisants, aux antidépresseurs 212

18-25 ans : les « jeunes adultes » 213

La force de l'âge 213
Leur mot à dire 214
La cohabitation difficile 215
La première vie de couple 216
Belles comme une image 217
Filles : attention aux régimes. 218
Garçons : attention au surmenage 219
L'âge de toutes les aventures 219

25-40 ans : le tourbillon de la vie 221

Femmes : 1, 2, 3... grossesses. 221
Métro, boulot, stress 222
Métro, boulot, maison. 223
Les hommes aussi 225
Une famille est une équipe 227

Après 40 ans : premiers bilans. 230

Couples : restez amoureux. 231
Une sexualité épanouie. 233
Premiers bilans... de beauté 233
Soigner son visage 234
• Le massage du visage et de la tête 235

Ennemis n° 1 : les radicaux libres 236
• Antioxydants contre radicaux libres..... 237
Premiers bilans... de santé 238
Faites votre propre check-up.............. 238

Après 50 ans : un nouveau départ 240

Couples : soyez vigilants.................... 241
Les cercles de famille 241
Ménopause et andropause : les caps de la cinquantaine 242
Femmes : des désagréments que l'on peut éviter 242
Des traitements en accusation............ 243
Des traitements naturels.................. 244
Hommes : la libido en question......... 245
Attention aux kilos !........................ 247
Le sport encore 248
• Le poids « idéal »........................... 249
Faites le bilan.................................. 249
Pour garder le moral, rajeunissez !......... 250
Mélangez travail et plaisir.............. 251
Faites-vous de nouvelles relations 251
Intéressez-vous à ce qui intéresse les jeunes 251
Aimez les autres 252
Aidez les autres............................ 252
Entraînez votre cerveau.................. 252
Osez 253

Après 65 ans :
les autres bonheurs de la vie 255

Préparez votre départ à la retraite........ 256
Ne vous mentez pas 256
Tant qu'on a la tête 257
Tant qu'on a la santé 258

Le sport toujours 258
Le cœur et les poumons 258
Les os 259
Les muscles 259
Et même les défenses immunitaires 259
Mangez : ni trop ni trop peu 260
Faites des efforts 260
Faites-vous plaisir.......................... 261
Cultivez l'amour.............................. 261
Soyez légers.................................... 262
Ne renoncez à rien 262
Jolie histoire en forme de *happy end* 263

Savoir écouter son corps

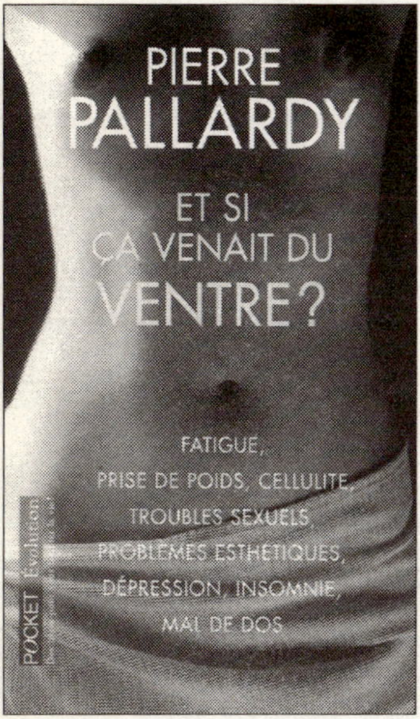

(Pocket n° 11956)

Fatigue, dépression, prise de poids, problèmes sexuels, tous ces troubles sont directement liés à la mauvaise santé de notre ventre. Pierre Pallardy, ostéopathe, propose dans cet ouvrage une méthode simple et naturelle qu'il pratique depuis de nombreuses années. Elle s'appuie sur sept piliers : respiration, alimentation lente et régulière, choix des aliments, sport-plaisir, gymnastique des deux cerveaux, auto-massages et méditation abdominale. Un bien-être à la portée de tous…

Il y a toujours un Pocket à découvrir

www.pocket.fr
Le site qui se lit comme un bon livre
POCKET
Informer
Toute l'actualité de Pocket, les dernières parutions collection par collection, les auteurs, des articles, des interviews, des exclusivités.
Découvrir
Des 1ers chapitres et extraits à lire.
Choisissez vos livres selon vos envies :
thriller, policier, roman, terroir, science-fiction...
POCKET
Il y a toujours un Pocket à découvrir
sur www.pocket.fr